艾略特

波动原理三十讲：

股价运动基本规律透析

侯本慧　郭小洲　著

山西出版集团
山西人民出版社

图书在版编目(CIP)数据

艾略特波动原理三十讲 / 侯本慧,郭小洲著.——太原:山西人民出版社,2013.9

ISBN:978-7-203-08156-2

Ⅰ.①艾… Ⅱ.①侯… ②郭… Ⅲ.①股资本市场—分析 Ⅳ.①F830.91

中国版本图书馆 CIP 数据核字(2013)第 077618 号

艾略特波动原理三十讲:股价运动基本规律透析

著　　者:侯本慧、郭小洲
责任编辑:梁晋华

出　版　者:山西出版传媒集团·山西人民出版社
地　　　址:太原市建设南路 21 号
邮　　　编:030012
发行营销:0351-4922220　4955996　4956039
　　　　　0351-4922127　(传真)　4956038　(邮购)
E－mail:sxskcb@163.com 发行部
　　　　sxskcb@126.com 总编室
网　　　址:www.sxskcb.com

经　销　者:山西出版传媒集团·山西人民出版社
承　印　者:三河市航远印刷有限公司

开　　本:710mm×1000mm 1/16
印　　张:12.5
字　　数:250 千字
版　　次:2013 年 9 月第 1 版
印　　次:2013 年 9 月第 1 次印刷
书　　号:978-7-203-08156-2
定　　价:32.00 元

前　言

从 2005 年到 2007 年，随着股市逐渐走牛，大多数人对于股市的态度由冷淡转变为积极。

而 2008 年的大幅单边下跌行情又使许多股民由希望变为惶恐。股市如大海，喜怒难测，不能掌握它的规律就只能在踏空与套牢之间煎熬。只有了解股价运动的本质，客观地对待股价的潮涨潮落，才可能长期地在市场中角逐获利。

本书详尽地介绍了股市分析的一种经典理论——艾略特波动原理，它的基本思想是：股价走势是大众心理的反映，虽然每个人的心理活动各不相同，没有一定的规律可循，但是，大众群体心理活动的总体效应却呈现出某种规律，这种总体效应反映在市场上，就形成了价格的波动。通过与图表的结合，分析这种规律，把握市场的变化，才能作出正确的投资决策。

本书分三十讲，每一讲对波动原理的一个主题进行详细论述，易于理解、易于阅读，并且每一讲还配以一段小知识，包括著名的甘氏股票实战交易法则、技术分析基本概念和基本型态等。技术分析与艾略特波动原理是相通的，许多人把艾略特波动原理视为技术分析的基础理论。对照阅读，收获当会更大。

笔者认为，虽然波动原理等技术分析方法不是包医百病的灵丹妙药，但是，对于股民们正确地认识市场，克服（在牛市中）盲目幻想或（在熊市中）极端恐惧的心态，谨慎地、客观地分析后市走向肯定会有帮助。但愿本书能将前人的真知灼见带给读者，用知识的钥匙打开财富宝库的大门。

正 文 目 录

正文插图目录

小知识目录

小知识插图目录

第一讲　技术分析与艾略特波动原理

道氏理论告诉人们何谓大海，而艾略特波动原理告诉人们如何在大海上冲浪。

道氏理论——波动原理之祖

查尔斯·道（Charles H. Dow）是研究美国股市运动的最杰出学者，提出了市场在无休止的运动过程中具有重复性，从而成为技术分析学派的创始人，他提出的道氏理论也成为一切技术分析的基石。道氏通过对股市的观察，认为市场并不是随风无目的漂流的气球，它的运动有一定规律。道氏还明确地提出了两个原理，并经受住了时间的验证。第一条原理是市场中任何一个主要上升趋势（Primary Uptrend）都包括三个上升阶段：其一，从前面的极度悲观状态和市场的低谷解放出来的恢复阶段；其二，上升加速阶段；其三，市场出现高估价值的阶段。道氏的第二个原理就是在市场运动的每个时刻，无论上升还是下降，都会向相反方向做调整运动，这种调整接近主要运动幅度的八分之三左右。

查尔斯·道提出的道氏理论主要包括：(1)反映市场之平均价；(2)市场有三个趋势：长期、中期、短期；(3)大潮有三个阶段：初期投入、股价大幅上升、结尾；(4)各种股价指数相互呼应；(5)成交量与趋势相互呼应；(6)一种趋势可以一直持续到其相反信号发出为止。

概括起来说，道氏理论的研究支持技术分析的三项大前提：

1. 市场行为已说明一切；

2. 股价呈趋势运动；

3. 股价运动具历史再现性。

艾略特波动原理的诞生和发展

遗憾的是道氏理论并未全面地揭示市场各种运动型态以及各种运动型态之间的关系。在道氏理论的影响下，艾略特波动原理从自然运动的方式、数学基础以至于用道琼斯平均指数 DJIA（Dow Jones Industrial Average）进行验证，并作了详尽、系统的分析、论证。

自艾略特（R. N. Elliott, 1871 ~ 1948）提出了波动原理（Wave Principle）今已有七十余年，股市、外汇、黄金、期货的市场分析常常运用波动原理，以把握市场趋势。

艾略特本人是一位专业会计师，他卧病在床后致力于研究股市，研究反映市场运动的道琼斯指数。经过长期的研究，发现股市也有相同的重复现象，提出了著名的波动原理，并且利用道琼斯指数 DIJA 验证了这套理论。显然艾略特提出的波动原理极大程度上受益于道氏理论（Dow Theory），并且也与道氏理论有许多相通之处。与道氏理论相结合，通过认真观察分析思考，艾略特发展完善了波动原理，同时在可操作性和精确性方面大大超过了道氏理论。他们两人都观察到人们的活动控制了市场运动，但是道氏是在大的轮廓上反映描述了这一点，艾略特则将其更加具体化，涉及了更大的范围。20 世纪 30 年代查尔斯·克林斯（Charles J. Collins）发起一个股市周刊，艾略特希望加入工作，因此与克林斯有很多书信往来。当时正值 1935 年第一季度，股市从 1933 年的高峰到 1934 年谷底一路下滑，1935 年第一季度里道琼斯指数又再度打破 1934 年的底值。这时投资者、经济学家、市场分析人员尚未从 1929～1932 年不愉快的市场环境中摆脱出来，对 1935 年这一次下跌更加恐惧，难道又是一次麻烦吗？

就在这样的时刻，克林斯接到了艾略特的一个电报，他强调自己的看法，认为下跌已结束，并且这个下跌仅仅只是牛市的第一个回调，这个牛市还要持续相当长一段时间。接着的事实证明艾略特见解之正确。之后，他详细地公开了自己的理论，写下了《波动原理》（The Wave Principle），在克林斯帮助下立足于华尔街。

随后，通过克林斯的引荐，《金融世界》（Financial World）杂志连续刊登了艾略特关于波动理论的一系列文章。后来艾略特又撰写了《自然法则》（Nature's Law）这部著作，不仅包括了波动原理，而且包括费波纳茨级数和一些神秘的提议，进一步支持他的观点。

福斯特（A. J. Frost）和罗伯特·柏彻特（Robert R. Prechter）两人对艾略特波动原理有透彻理解，并都积累了各自应用的成功经验，撰写了《艾略特波动原理》（Elliott Wave Principle），成为波动原理的经典权威著作，他们也成为波动原理的掌门人。

波动原理源于华尔街，也为 DJIA 所验证。但是艾略特认为，波动

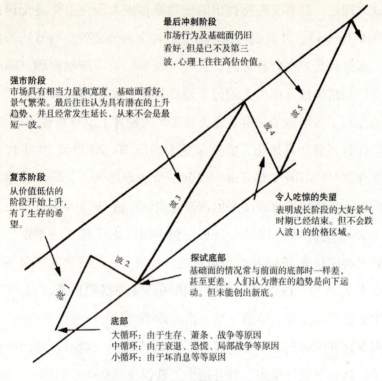

图1　典型的艾略特波浪运动进程

原理也同样适用于主宰人类的大自然。之所以如此，是因为波动原理本身虽然神秘，但它却神秘得恰到好处，与大自然许多现象相吻合，从而得到费波纳茨级数、黄金比率等一系列数学概念的支持。至于艾略特波动原理的可信程度，尚待验证探索，因为自然本身就是神秘的。但是笔者的认识是，自然是无穷尽的，人们会不断地探究自然；市场是无休止变化的，人们总在捕捉市场机会。我们不可避免地要遇到两个问题：自然（或曰市场）有无规律可循？如果有规律可循，这个规律是什么（能找到吗）？艾略特波动原理也许能为读者稍解心头疑虑。它首先描述了这个规律，也就是波动原理。至于波动原理本身的技巧，只是为人们提供了探究市场的一种具有指导意义的工具。道氏理论告诉人们何谓大海，而艾略特波动原理则告诉人们如何在大海上冲浪。

成功的基础

试问一下你自己，是否静静地想过、仔细地分析过为何股海失利、为何生意亏本？也许你是抱着幻想去交易，也许你过分听信了经纪人的劝告，也许你单凭猜想作出买卖决策。或许还有另外一个原因，当你实际上已错了时，你内心并不认为犯下了决策错误，当你进行买卖时你没有保护自己的措施。错误在于你自己，没有确实的买卖计划和原则。

首先应学会立足于知识进行交易，没有恐惧也不要抱幻想。当恐惧和幻想再不能影响你时，知识就会给你进行交易获取利润的力量。我们向你推荐这本书，其目的也就在于帮助你战胜幻想和恐惧心理，立足于事实进出股市。

没有任何东西能比市场价格本身告诉你更多的有价值的信息，过去市场的运动方式有助于你判断市场将要发生什么。

有关买卖的一切都记录在市场价格上，而市场又受供求关系（Supply and Demand）影响。如果分析正确，那么价格运动对你的帮助将胜过经纪人的舌尖、报纸的消息和所谓内幕传闻。

学会独立思考

对一个人的最大帮助莫过于教会他如何自己帮自己。如果一个人依赖于他人的劝告或内幕消息或他人的市场分析，就毫无成功机会。你必须学会独立，从行动中学会如何行动，从研究和应用中了解市场。这样你就可以拥有自信和勇气。

一个真正聪明的人当他还不了解其他人观点之依据时，是不会盲目追随的，他要自己理解、观察市场以及预测市场的法则，从而成为股海中的胜者。

无论你从事或有兴趣哪一项生意，就要尽力多了解它。除了你的健康以外，最重要的事就是保护你的金钱。因此，花时间去研究，准备自己去管理自己的金钱，不要永久地甚或完全依赖他人。

学会制定明确的计划

制定出一个明确的未来目标和计划。当你买卖某一股票时就依此行事，但是首先你必须周密考虑，这一计划是否合理、能否操作。

学会正确运用知识

通向巨大财富之门确实存在，但是需要开门的钥匙，这个钥匙就是知识。知识之获取不可能不经过艰苦的努力。

当莎巴女王拜见所罗门国王时，她没有留意其金银财宝，唯有所罗门国王的智慧获得了女王的爱慕。

第二讲　波动原理的基本概念

> 波动原理有三个重要概念：波的型态、波幅比率、持续时间。其中最重要的是型态。波有两个基本型态：推进波5—3—5—3—5和调整波5—3—5。

关于艾略特波动理论，哈米尔顿（Hamilton Bolton）曾经说过：当遇上一些很难预测的灾难，例如经济萧条、战争、战后重建以及经济过热，艾略特波动原理往往都能够较恰当地反映事态发展的过程。

波动原理（Wave Principle）的创始人艾略特（R. N. Elliott）提出社会、人类的行为在某种意义上呈可认知的型态（Patterns）。利用道琼斯工业平均（Dow Jones Industrial Average，DJIA）作为研究工具，艾略特发现不断变化的股价结构性型态反映了自然和谐之美。根据这一发现他提出了一套相关的市场分析理论，精炼出市场的十三种型态（Patterns）或谓波（Waves），在市场上这些型态重复出现，但是出现的时间间隔及幅度大小并不一定具有再现性。尔后他又发现了这些呈结构性型态之图形可以连接起来形成同样型态的更大的图形。这样提出了一系列权威性的演绎法则用来解释市场的行为，并特别强调波动原理的预测价值，这就是久负盛名的艾略特波动理论。

波动原理具有独特的价值，其主要特征是通用性及准确性。通用性表现在大部分时间里能对市场进行预测，许多人类的活动也都遵守波动原理。但是艾略特之研究是立足于股市，因而股市上最常应用这一原理。准确性表现在运用波动原理分析市场变化方向时常常显示出惊人的准确率。

艾略特的研究大多数由一系列奇妙的训练有素的思维过程完成，其完整性和准确性适合于研究股市平均价格运动。在 1940 年那个时代，道琼斯工业指数才 100 左右，那时许多投资者认为道琼斯工业平均很难超过 1929 年达到之峰顶（Peak）。然而艾略特则预测在未来的数十年中将有一个很大的牛市（Bull Market），它将超过所有的预测和期望。后来艾略特在股市宏观及微观上的一些预测得到了历史的证实。

艾略特提出的有关型态的定义及原理经过了时间及股市行为的检验。现在许多技术分析者在研究图表时多偏向于工具之使用，很少涉及其原理，本书中我们将就艾略特波动原理进行论述。牛市中艾略特法则之焦点在于跟踪及准确计算五个波的发展进程，其中三个向上运动的波（Waves Up）和两个间隔其中的向下运动的波（Waves Down），这一概念也就是现在通俗说法"所有牛市均有三条腿"。在市场上，哪里是牛市之腿，抑或根本不是牛市，有各种不同的定义方法。反过来，波动原理中又将一系列的腿解释为一条完整的腿。

在 1938 年的著书《波动原理》和 1939 年一系列的文章中，艾略特指出股市呈一定的基本韵律和型态，五个上升波和三个下降波构成了八个波的完整循环。三个下降波作为前五个上升波之调整（Correction），图 2 表示五个代表上升方向的推进波（Impulse Waves）和三个调整波（Corrective Waves）。

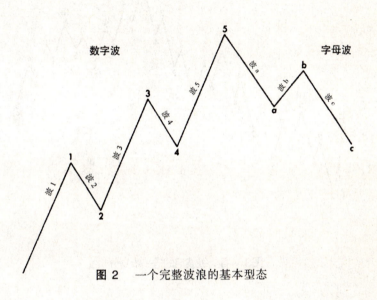

数字波   字母波

图 2 一个完整波浪的基本型态

这里我们要讨论一下本书中的一些用语。首先 5 波是指一个由图 2 中 1、2、3、4、5 五个波构成的波浪，3 波是指一个由图 2 中 a、b、c 三个波构成的波浪。当我们说推进波为 5—3—5—3—5 型态时就是指推进波可以由五个子波构成，这五个子波又分别由 5 波、3 波、5 波、3 波、5 波构成，如图 3 所示。波 1、3、5 称为**推进波**（Impulse Waves，或方向波），推进波的基本型态如图 3 中①所示，系 5—3—5—3—5 型态。波 2、4 称为**调整波**（Corrective Waves），波 2 调整波 1，波 4 调整波 3，波 1、2、3、4、5 构成的 5 波由波 a、b、c 构成的 3 波调整。调整波的基本型态如图 3 中②所示，系 5—3—5 型态。一个完整的循环由 8 波组成，其中包括两种类别的波，即数字波（Numbered Phase）或 5 波，以及字母波（Lettered Phase）或 3 波。

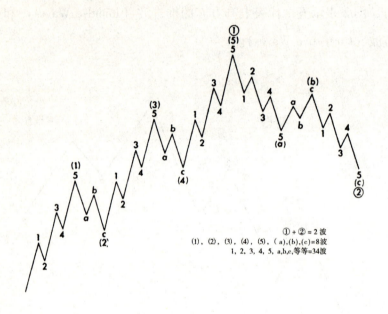

图3　各等级波浪的进一步划分

接着开始另一个相似的循环，亦由 5 个上升波和 3 个下降波组成。随后又延伸出 5 个上升波。这样完成了一个更大的上升 5 波，并且接着发生一个更大的 3 波向下调整前面发生的上升 5 波。每个数字波和字母波本身都是一个波，并且共同构成更大一级的波。

图 3 表示同一级的两个波可以分成次一级的 8 个小波，而这 8 个小波又可以同样方式分出更次一级的 34 个小波。也就是说，波动理论认为任何一级的任何一个波均可分为次一级的波。反过来也构成上一级的波。因此，可以说图 3 表示两个波或 8 个波或 34 个波，只不过特指某一级而已。

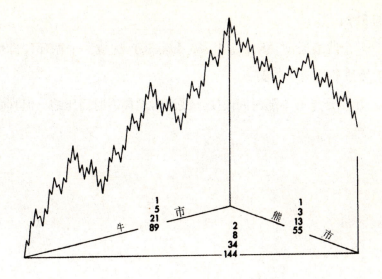

图4　完整的波浪及次级波数目

调整波（a）、（b）、（c）之型态，如图3所示的波②，系5—3—5型态（5—3—5 pattern）。波（2）又与波②之型态相同，（1）与（2）始终与①、②的型态相同，仅是大小程度不同而已。

图4更进一步明确了波的型态与波的等级之间的关系，它表示一个完整的股市循环中可以按下表细分波浪。

循环级别	牛市	熊市	完整循环
循环波（Cycle Waves）	1	1	2
基本波（Primary Waves）	5	3	8
中型波（Intermediate Waves）	21	13	34
小型波（Minor Waves）	89	55	144

波浪形成的基本概念可总结如下：

1. 一个运动之后必有相反运动发生；

2. 主趋势上的推进波与主趋势方向相同，通常可分为更低一级的5个波；调整波与主趋势方向相反，或上升或下降，通常可分为更低一级的 3 个波。

3. 8 个波浪运动（5 个上升，3 个下降）构成一个循环，自然又形成上级波动的两个分支。

4. 市场形态并不随时间改变。波浪时而伸展时而压缩，但其基本形态不变。

成功的必要条件

第一、知识

第一位、也是最重要的，你必须有知识。在未来的 5 年中，每天都提醒自己花 30 分钟研究股市情况。这样就知道如何分析市场趋势和如何赚钱。没有更加快速和省力的方法。投入时间和精力愈多，以后获利的可能愈大。

第二、耐心

耐心是一个非常重要的取胜条件。当决定买卖时，必须要有耐心等待最佳机会。然后，要有耐心等到已改变趋势的时候方可结束这项交易、收回获利。

第三、勇气

即使一个人手上拿着世界上最好的枪，如果没有勇气扳动扳机，也绝对不会射中任何靶子。你可以拥有大量的知识，但如果没有勇气亲临市场买卖也是枉然，但知识却能给人胆识。

第四、健康

当你拥有了知识、勇气和耐心时，下一个最重要的条件就是健康。

没有哪个人能在健康状况欠佳时作出明智的决策和行动。健康状况差会使人感到失去希望、充满恐惧、缺乏果断行动能力。如果你身体欠佳，唯一的一件事就是终止交易、停止思索、去休息，去恢复你的健康，因为健康是财富。

第五、资金

最后，需要有资金。但是如果你具备上述 4 项条件，少量的启动资金是可以赚取巨大利润的，记着你的止损点，虽然有小小损失，但不会全军覆没。

记住不要逆势而行，一旦你确认了市场趋势，就应顺势而行，当可全胜。

第三讲　波动原理的标记方法

　　为了掌握波动原理，需要了解波的标记符号及标记方法。但是波的等级是相对的概念，波的标记之核心在于选择一种最有效率的标记方法。

艾略特选用了下述几个术语来记述波浪等级：

　　特大超级循环级（Grand Supercycle）

　　超级循环级（Supercycle）

　　循环级（Cycle）

　　基本级（Primary）

　　中型级（Intermediate）

　　小型级（Minor）

细级（Minute）

微级（Minuette）

次微级（Subminuette）

在波浪理论应用中如何准确地辨别波的级别常常是一个困难的问题。特别是在一个新的波开始时，很难判定最后的小波属于哪个级别。幸运的是波浪等级仅仅是相对的概念。但是尽管这样，以上的等级标号仍反映了波的相对大小。例如，当论及美国股市自1932年上升时，其股价波浪等级一般按下述方式归类：

1932～1937　　　　第一个循环级的波浪

1937～1942　　　　第二个循环级的波浪

1942～1965（6）　　第三个循环级的波浪

1965（6）～1974　　第四个循环级的波浪

1974～1977　　　　第五个循环级的波浪

每个循环级的波浪之子波就是基本级的波浪，进一步又可分为中型级波浪等等。

还可以用数字波（Numbered Waves）和字母波（Lettered Waves）来标识股市中波浪的不同等级。

波浪等级	五个方向波	三个调整波
特大超级循环级	Ⓘ Ⓘ Ⓘ Ⓘ Ⓥ	Ⓐ Ⓑ Ⓒ
超级循环级	(I) (II) (III) (IV) (V)	(A) (B) (C)
循环级	I II III IV V	A B C
基本级	① ② ③ ④ ⑤	ⓐ ⓑ ⓒ

中型级	(1) (2) (3) (4) (5)	(a) (b) (c)
小型级	1 2 3 4 5	A B C
细级	i ii iii iv v	a b c
微级	1 2 3 4 5	a b c

注：上述表记方法非常接近艾略特使用的方法，但下述方法却更加序列化。

特大超级循环级	Ⓘ Ⓘ Ⓘ Ⓘ Ⓥ	Ⓐ Ⓑ Ⓒ
超级循环级	(I) (II) (III) (IV) (V)	(A) (B) (C)
循环级	I II III IV V	A B C
基本级	I II III IV V	A B C
中型级	① ② ③ ④ ⑤	ⓐⓑⓒ
小型级	(1) (2) (3) (4) (5)	(a) (b) (c)
细级	1 2 3 4 5	a b c
微级	1 2 3 4 5	a b c
次微级	i ii iii iv v	

　　在艾略特的记号系列中，"CYCLE"仅仅是用来表述波浪的等级，而非在特殊意义上的"循环"（Cycle）。通常，有基本级或循环级的波。也容易和道氏理论中的主升运动（Primary Swing）或主升市场（Primary Bull Market）的用语相混淆。其实至于用什么符号并不要紧，关键是选择一种最有效率的表述方法。此外我们还要涉及一个定义牛市和熊市的问题。超级循环的B波在特大超级循环中可能持续相当长的时间且幅度极大，甚至超过许多牛市，因而在公共媒体上往往也成为所谓牛市，尽管在波动原理的体系上仍被标为熊市记号。统而言之，波浪理论之下有许多不同大小的牛市和熊市。仔细考察一下艾略特之

基本概念，实际上牛市很简单地说就是一个上升 5 波，而熊市则是一系列调整这一上升趋势的波动。

价格型态

价格型态（Price Pattern）就记录价格的图线所表现出来的形状而言，它可以分为两大类型——反转型态和调整型态，在价格走势预测上具有一定作用。

反转型态（Reversal Pattern）表示趋势上发生重要转折，**调整型态**（Continuation Pattern）表示市场仅仅停留在某一价位附近一段时间，也许是调整超买超卖，调整完毕后市场将沿着原来的趋势继续运动。很明显，关键是要在价格型态形成之初期就确定究竟属于反转型态还是调整型态。

五类常见的反转型态：头肩顶（Head and Shoulders Top）和头肩底（Head and Shoulders Bottom）、三重顶（Triple Tops）和三重底（Triple Bottoms）、双重顶（Double Tops）和双重底（Double Bottoms）、单顶（Spike Top）和单底（V Bottom）、圆形顶（Rounding Top）和圆形底（Rounding Bottom）。

大多数的价格型态都有一定的测量技术（Measuring Technigues），有助于分析者决定冒多大风险较为合适。

5 种常见的调整型态：三角型态（Triangles）、旗型（Flags Pennants）、楔型（Wedges）和矩形（Rectangles），通常反映原有趋势中暂停运动，而非趋势转折。

反转型态的共同要领：

1.反转型态出现的大前提是确实存在趋势；

2.将要发生反转型态的第一个信号常常是打破了一条重要的趋势线；

3.型态模样愈大，也就是波动幅度愈大和持续时间愈长，那么反转型态之潜在能量也愈大；

4.顶部型态持续的时间往往比底部型态短，并且也较易变动。

5.底部常常价格变动幅度小，且底部形成耗时较多。

6.成交量在价格上升到高位顶部时更为重要。

第四讲　推进波型态之一——延长

　　三个推进波中的一个常常会发生延长，如果一个发生延长，那么另外两个推进波的波幅和持续时间就有可能相等或者成比例。

　　如前所述，波有两种基本类型：推进波（5—3—5—3—5 型态）和调整波（5—3—5 型态）。然而推进波 5 波的形成有时极不规则，常常出现艾略特称之为**延长**（Extension）的现象。所谓延长就是在三个推进波（1，3 或 5）中出现延伸。有时延长甚至与其他四个波的幅度几乎相同，这样就形成了九波而非五波。一个标准的上升趋势由五个波组成，但是三个推进波的某一个中发生延长也是常见的情况。图 5 所示为延长型态，第一种情况很少见，即第一波发生延长。第二种情

况最常见于股市，即第三波发生延长。第三种情况最常见于商品期货
市场，即第五波发生延长。最后一种情况在九波构成的波浪中，很难

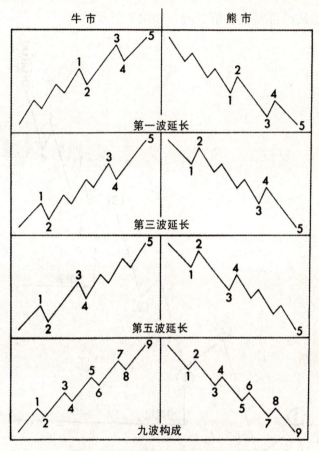

图 5　各类推进波中发生延长的情况

分辨何者为延长，但是这亦无关紧要，因为在艾略特的体系中，九波
与五波意义相同。

　　大多数推进波都有一个且只有一个波中出现延长。因此如果第一
个和第三个波长度大致相同，则第五个波就犹如一个不断延长的梯子，
特别是第五波长于第三波时。反过来，如果第三波发生延长，第五波
则是一个单一的波。

延长中也会再出现延长，图6表示第五波延长中出现五波延长。除了在商品期货市场的牛市中，第五波中出现延长是很少见的。股市中延长之延长经常发生在第三波，如图7所示。

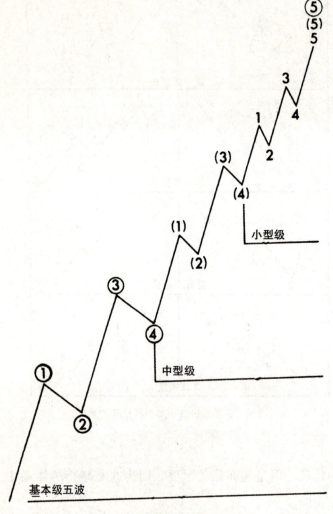

图6　延长的第五波再次发生延长

经过对道琼斯工业平均DJIA的图表进行了二十几年实实在在的观察后，艾略特采用了延长这一概念。当第五波出现延长，则调整波的A浪往往很陡，甚至接近延长之第二波，如图8所示**双重调整**（Doub-

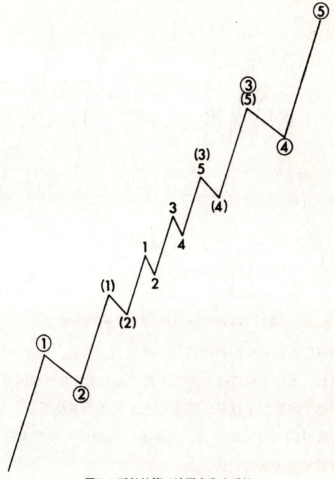

图7 延长的第三波再次发生延长

le Retracement），这种大幅度的向下调整相当引人注目。图 8 左端的图形表示调整波为之字型态（Zigzag，5—3—5）的情况，右端的图形表示调整波为平坦型态（Flat，3—3—5）的情况。第五波延长往往提供了一些相当重要的信息，也就是戏剧性的转折之前奏。同样的分析亦可用于熊市，只不过图形相反。

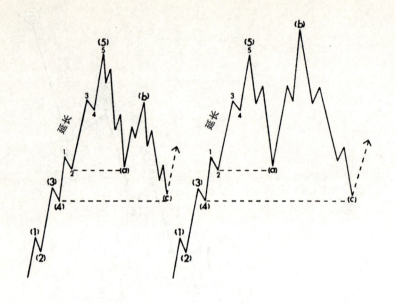

图8　第五波发生延长时出现的双重调整现象

　　我们可以利用延长的特性进行一些预测。首先，只有一个推进波
会出现延长，另两个推进波在波幅上和时间上大致趋于相同或同比例。
因此如果第三波发生了延长，那么第五波就不会发生延长，且趋于在
波幅和持续时间上接近第一波。如果第一波和第三波均未发生延长，
则第五波很可能会发生延长。

　　此外就是第五波延长的双重调整特性，也就是当第五波延长完成
时，3 波向下调整至延长开始位置附近，随后又返回至延长的顶部位
置，或者形成一个新的顶部，或者维持原来的顶部（参见第十二讲）。

头肩顶型态

小知识　　　股价型态

　　一个上升主趋势由一系列一个高于一个的峰顶和谷底构成，慢慢失去能量，上升趋势便有些趋缓以至停止，这时供求关系基本平衡。一旦这种平衡丧失，价格向下突破了支持位后，新的下降趋势就开始形成，它由一系列新的下降的峰顶和谷底组成。这就形成了**头肩顶型态**（Head and Shoulders Reversal Pattern）。

　　图一表示**头肩顶**（Head and Shoulders Top）型态及其典型的成交量变动情况。

跌破颈线——头肩顶型态完成

　　在图一中，可以在 B 点和 D 点画一条平坦的趋势线，谓**颈线**（Neckline）。颈线一般向下方稍微倾斜，甚至成水平直线。突破颈线是头肩顶型态中的一个关键。一旦市场突破了颈线，那么就形成了一个新的下降趋势，即一个峰顶低于一个峰顶，一个谷底低于一个谷底。突破颈线时伴随成交量增大，但是，下降时很大的成交量并不一定会引发一个新的峰顶。

反弹（Return Move）

　　在突破颈线后，通常在图一中将发生反弹，例如 G 点，反弹至颈线附近或前一个谷底（D 点）。但是这种反弹并不一定出现，并且即使出现也很小。如果跌破颈线时的成交量很大，表明卖压大，则反弹很小，如果成交量小，则反弹可能较大。

总结（头肩顶）：

1. 必须在有趋势的市场方可能出现；

2. 左肩 A 成交量大，随后出现回调 B；

3. 回升创新高，但成交量减小（C 点）；

4. 下调到前一个峰顶（A 点）之下并接近前一个谷底（D 点）；

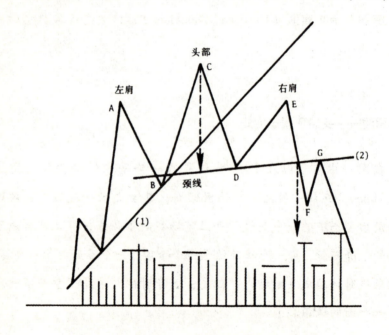

图一　头肩顶之例。左右两肩(A和E)基本等高，头部(C)高于两肩。注意每个峰顶值处的成交量都较小。当收市价跌破颈线(线2)时，完成头肩顶型态。从跌破颈线的突破点开始，预计最小的下降幅度是头部至颈线的距离。在型态完成之后，常发生反弹，但是一般情况下，只要有效突破了颈线，就很难再上穿颈线。

5.第三次上升（E点）成交量显著下降、并且达不到前一个峰顶（C点）；

6.突破颈线时头肩顶完全形成；

7.反弹至颈线后形成又一个新低。

第五讲　推进波型态之二——失败

推进波 5 波中第五波未能超过第三波，谓失败型态。牛市出现失败型态往往预示近期将跌落；熊市出现失败型态往往预示近期将回升。

艾略特用失败（Failure，或未达成）型态来描述在推进 5 波中第五波未能超过第三波的运动，通常我们所指的第五波又由五个子波构成，如图 9、10 所示。

失败型态的第五波警告市场力量发生变化，反映了市场的真实情况以及为人们所不愿意正视的现状。当人们认为市场完全按照波动轨道运动、通向目标值时，结果出现失败型态，从而达不到预测目标值。

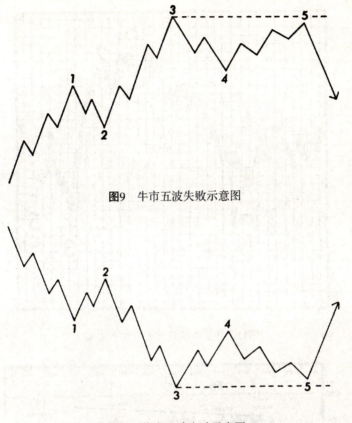

图9　牛市五波失败示意图

图10　熊市五波失败示意图

　　1932 年以后美国股市有两个典型的失败五波之例。例一如图 11 所示，1962 年 10 月发生古巴危机（Cuban Crisis）之后持续了长达三年半的强势。这是一个典型的在调整 C 浪中出现失败型态的例子，也就是 C 浪中的 5 波出现失败型态，本来在 C 浪中应当继续向下调整，然而市场却出现失败型态，反映市场积蓄了很大的向相反方向运动的力量，从而也就引起市场持续了长达三年之久的强势之结果。例如图 12 所示，发生在 1976 年底，出现上升 5 波失败型态，在随后的十个月中 DJIA 都相当乏力，持续十个月其上升幅度甚至未能超过 5%，并持续陷在谷底，发生了从未有过的现象。

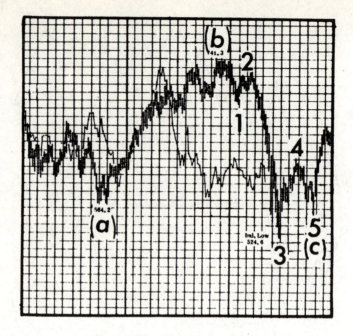

图11　熊市中的五波失败型态实例

图12　牛市中的五波失败型态实例

　　这里应该注意失败型态只可能发生在 5 波中的第五波。股市调整期数浪时可能碰到 C 浪出现失败型态。如果成立也应为 C 浪中的 5 浪可能出现失败形态，也就是 C 浪中的第五个波未能走到第三波之下，并非 C 浪降不到 A 浪底部之下，在数浪时应特别注意。此外，在判断是否发生失败型态时，也应待构成第五波的小波动全部完成后才能下判断。失败型态常常发生，特别是小波动出现时更容易发生。

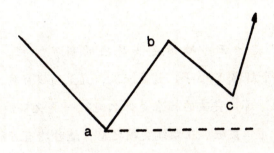

图13　对失败型态的误解

股市上升时出现失败型态，预示市场近期将要下降。股市下降时出现失败型态，预示市场近期将会反弹上升。

当股市形成失败型态时，牛市中的失败型态构成人们常常提到的双顶（Double Tops），如图9所示；熊市中的失败型态构成人们常常提到的双底（Double Bottoms），如图10所示。亦可参见小知识：《双重顶·双重底及预测方法》（40至41页）

头肩顶型态的价格预测

头肩顶型态中三个峰顶是头肩顶的明显特征。中间的峰顶（Head）比两个肩部（A、E）稍高一点，直至颈线突破，方为头肩顶型态正式完成。那么突破的标准是什么呢？一是收市价3%突破，二是连续两日收市价突破。在颈线突破之前，随时均有可能趋势继续上升。

在头肩顶型态的形成过程中，成交量起着关键的作用。通常，第二峰值（头部）的成交量小于左肩，发出早期警告，买方势力减小。右肩的成交量明显低于前二个峰值处的成交量。一旦跌破颈线，成交量放大，而在反弹时又减少，直至反弹结束，成交量反而又放大。

预测价格的方法之一就是基于头肩顶型态之高度（Height）。从头部（C点）到颈线的距离为关键，当价格跌破颈线时，让我们来预测一下将下跌的距离。例如，头部峰值为100，颈线位置为80，垂直距离为两者之差20。如果在82处跌破颈线位置，则下跌深度预测为62（82 - 20 = 62）。

另外一种测量方法较简单，首先计算出前两个峰值的下跌幅度（即C至D的距离），然后这一距离的两倍就是下跌幅度。在两种预测方法中都有一个共同之点就是型态之高度愈大，下跌愈大。整个型态研究中，市场价格目标值（预测值）主要依赖于各种型态的高度。

应当记住，预测值仅仅是最小目标值，真实的目标值往往大大超过它。而预测的最大目标值则一般是前一次运动之真实价格。例如前一个牛市从30至100，则下降的最大目标值为30。

第六讲　推进波型态之三——斜三角形

斜三角形主要发生在推进波 5 波的第五波中。上斜三角形是市场疲弱的征兆，下斜三角形是市场转强的征兆。

斜三角形（Diagonal Triangles）主要出现在第五波中，尤其是当推进（升或降）得太多太快时更易形成，它往往表示一个大的运动接近尾声。在 C 浪中偶尔也有出现斜三角形的可能，通常是在双 3 或三 3 型态的 C 浪中出现（见第十讲）。在这两种情况下，都发生在更大一级波的结束位置，表明上一级的波浪运动已接近完成。斜三角形一般都是收缩形，也就是两条边向一起收缩。很少出现三角形的两条边扩散形成扩散斜三角形的情况。斜三角形的每个子波浪均由 3 波构成，即为 3—3—3—3—3 型态，如图 14、15 所示。

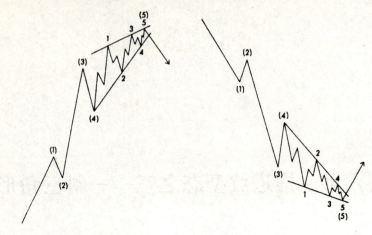

图14　上升斜三角型态　　图15　下降斜三角型态

　　一个上升的斜三角形往往会带来一个剧烈下滑，至少降至三角形起始位置附近。同样下降的斜三角形有时会带来一个突然的陡峭的上升运动。因此上斜三角形是市场疲弱的征兆，随后股市通常发生急落。相反下斜三角形是市场转强的征兆，随后股市常常急升。斜三角形是主趋势上唯一的一种允许第四波调整到第一波区间的 5 波结构。

　　在市场走出斜三角形的过程中，成交量往往趋于减少，虽然有时也可能在最后一天或一小时内成交量相对增大。斜三角形并不常见，常见的三角型态是水平三角形，它出现在推进波的第四波和调整波的B 波中（见第九讲）。

　　图 16 是美国股市于 2008 年 6 月走出的一个上斜三角形态，图 17 是于 2009 年初走出的一个斜三角形态。图 18 表示一个扩散斜三角形。注意在每个三角形后都发生了重大的方向改变。第五波延长、第五波失败和第五波斜三角形都预示着同一件事：戏剧性的转折就在前面。有很多转折点，某两种现象往往在不同级的波中同时发生，使下一个波向相反方向运动更加剧烈。

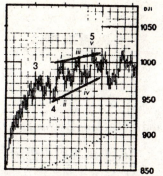

图16　上斜三角型态实例

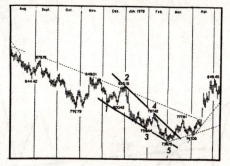

图17　下斜三角型态实例

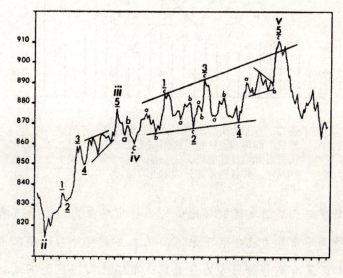

图18　扩散三角型态实例

头肩底型态

头肩底（Head and Shoulders Bottom）或反转头肩型态如图二所示。头肩底与头肩顶之间的重要区别在于成交量的变化情况。在底部时，市场需要一个很大的买方势力，反映为巨大的成交量，推进另一个新的牛市。

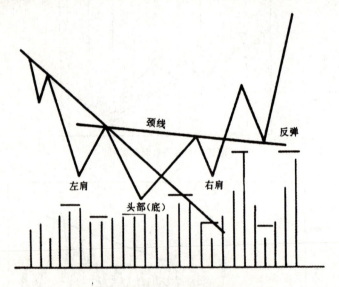

图二　本图为头肩底型态，它是头肩顶型态的反转形式。两种型态的重要区别在于成交量的不同。从头部反弹将伴随着巨大成交量，突破颈线时成交更加活跃。并且通常在颈线附近可能会发生回落。

头肩底与头肩顶之区别可比喻为一种市场重力。由于万有引力的作用，物品不需外力就会落下来，而抬上去则需外力。那么市场也是同样，如果没有足够的买方力量支撑，市场就顺惯性会下跌。但是市场不会随惯性上涨，除非买方比卖方势力强许多。

失败的头肩型态

当市场价格突破了头肩型态之颈线时便完全形成了头肩型态，这时，价格便不应再与颈线交叉。在头肩顶型态中，一旦颈线被跌破后再发生价格向上突破颈线情况，就发出了严重警告，前面的下跌信号可能有误，这就是所谓的失败头肩型态（Failed Head and Shoulders），市场价格很可能沿原趋势继续运动。

头肩型态买卖战略

一个重要的问题就是，头肩型态下采取怎样的交易战略。并不是所有依据技术图表分析进行交易的人都要等待穿透颈线而后行动。如图三所示，在头肩底型态中，大胆的交易者往往在右肩形成过程中就加入买方。

有些采用测量 C 至 D 点距离的方法，也就是在上升到 CD 距离的 50% 至 60% 时买入。另一种方法是从 D 到 E 点画一条趋势线，在向上穿透这一趋势线时买入。或者根据一般情况下型态对称的特性，在右肩接近左肩最底部位置时买入。

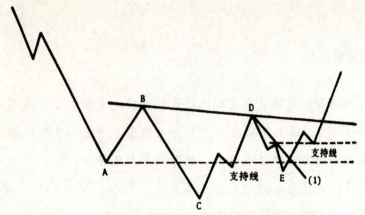

图三 头肩型态买卖战略图示。许多运用技术分析工具
的交易人,当右肩(E)正在形成过程中就已开始建仓持仓。
建仓价位例如从 C 至 D 的上升途中 , 或者由 D 点向下跌
落至短期支持价位时 , 或者突破短期趋势线1时 , 都是进
入市场的好机会。在突破了颈线或回落至颈线时可以增
加持仓。

第七讲 调整波型态之一——之字型

之字型调整波为 5—3—5 型态

在股市中，往往任何一级的波动都较容易随更大一级波动之主趋势运动，因此调整波有时不太易识别，直至已完全形成或事过之后方才辨清其面目。由于调整波的结束比推进波更难预测，运用艾略特理论时就要花费更多精力去捕捉调整波中的动向。如下所述，调整波比推进波更加多变复杂。

唯一一个重要法则就是调整波绝对不会由 5 波构成，只有推进波才是 5 波（三角形除外）。换言之，一个 5 波开始的运动去调整更大一级的运动，那么这个 5 波只能是调整的一部分，而不是全部。下述讨论将证实这一论点。

调整波有以下四种类型：

1）之字型（Zigzag 5—3—5，或曲折型）：其中包括双之字型和三之字型。

2）平坦型（Flat，3—3—5）：其中包括延伸型（Expanded）和奔走型（Running）。

3）三角型（3—3—3—3—3）：其中包括上升三角型、下降三角型、收缩三角型、扩散三角型。

4）混合型：包括双3（Double Three）和三3（Triple Three）。

之字型是一个与主趋势方向相反的3波调整型态，标记A—B—C，它可进而分解为5—3—5，即A波由五个波、B波由三个波、C波由五个波组成。在牛市中之字型就是一个简单的3波下降型态，B波之顶明显低于A波起始位置，如图19、20所示。

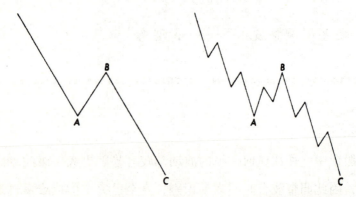

图19　牛市之字型态　　　图20　牛市之字型态的内部结构

在熊市中A—B—C之字型调整波的方向与牛市中相反，如图21、22所示。因此，熊市中的之字型调整波亦称为**逆之字型**（Inverted Zigzag）。有时之字型连续出现两次或最多连续出现三次，特别当第一个之字型不能达到目标价位时更是如此。每个之字型被一个3波型态分离，形成所谓的双之字型（Double Zigzag），见图23，甚至三之字型（Triple Zigzag），成为更大的调整型态。它们很像推进波中的延长

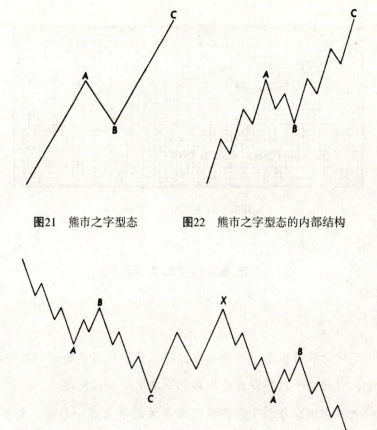

图21 熊市之字型态　　图22 熊市之字型态的内部结构

图23 双之字型态的构成

（Extension），但是发生几率较小。例如香港恒生指数从 2007 年 9 月到 2008 年月的走势中就出现了双之字型，如图24 所示。

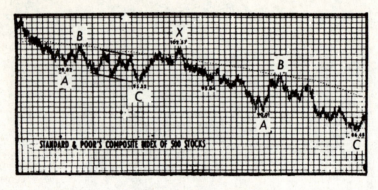

图24　双之字型态的实例

以下讨论头肩型态的一种变形，即三重顶和三重底，如图四之一、二所示，它的三个顶部或三个底部几乎在同一价位附近。

对于三重顶，每个峰顶伴随的成交量逐渐呈减小趋势，到突破点时方才增加。三重顶的完全形成要等待两个谷底的支持价位被突破时才算完成。反过来，三重底的形成要待两个峰顶的阻力价位被突破时才算完成。三重底完成时一般也有很大成交量发生。头肩型态的许多特性及测量方法均适用于三重顶（底）型态。

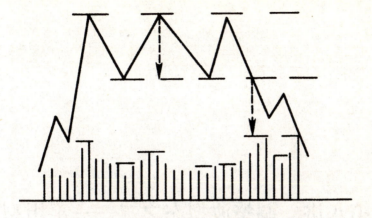

图四之一　三重顶型态,类似于头肩型态,但是所有的峰顶均处于同一价位,并且每个峰顶均伴随着很大成交量。当两个谷底都被跌破并且成交量很大时,型态完成。预测从型态突破点的下跌幅度为型态之高度。

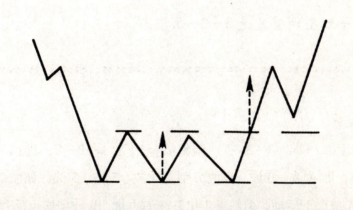

图四之二　三重底型态,类似于头肩底型态,但是所有的谷底均处于同一价位 ,整个型态的表现与三重顶接近,但是在向上突破时,成交量的作用更为重要。

第八讲　调整波型态之二——平坦型

平坦型调整波是 3—3—5 型态

平坦型（Flat，3—3—5）调整波标记为 A—B—C，进而分解成 3—3—5，即 A 波、B 波、C 波分别是 3 波、3 波、5 波，如图 25、26 所示。A 波向下运动，但缺乏走出五波的力量，B 波同样也反弹乏力，仅至 A 波起始位置附近便告结束。C 波也不像之字型那样，在 A 波的底部稍下即告完成。

在熊市中，平坦型调整波型态与牛市中相同，但方向相反，如图 27、28 所示。

平坦型调整波整体上说对推进波的调整幅度小于之字型调整波，常在主趋势具有更大潜力的时候出现，因此或者在延长发生之前或者在延长发生之后出现。主趋势积蓄的潜力愈大，平坦型调整波愈可信。

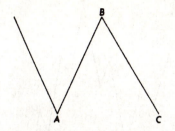

图25　牛市(常规)平坦型态

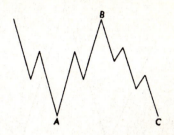

图26　牛市(常规)平坦型态内部结构

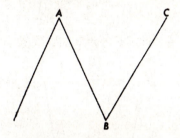

图27　熊市(常规)平坦型态

图28　熊市(常规)平坦型态内部结构

还会发生双平坦型（Double Flat），艾略特称之为双 3 型（Double Three），将在第十讲叙述。平坦型用来概括所有 3—3—5 型态的 A—B—C 调整波，可以分为三类。第一类是常规平坦型调整波（Regular），B 波在 A 波起始位置附近结束，C 波稍稍超过 A 波结束位置便告完成，如图 25 至图 28 所示。

此外还有第二类非常规平坦型调整波（Irregular），B 波结束位置大大超过 A 波起始位置，C 波结束位置也大大超过 A 波结束位置，如图 29、图 30 所示牛市的情况和图 31、图 32 所示熊市的情况。

第三类少见的 3—3—5 平坦型调整波是奔走型（Running），B 波同样大大超过 A 波之起始位置，但 C 波却没能走完全程，停留在 A 波结束位置的上方（或下方），如图 33 至图 36 所示。很明显，这种类型的调整波之形成在于主趋势过强。当确认调整波型态是否为奔走型时，尤为重要的是遵守艾略特法则数浪。例如如果 B 波由 5 波构成而非 3

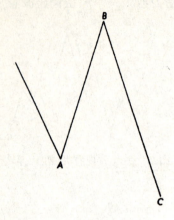

图29　牛市(非常规)平坦型态

图30　牛市(非常规)平坦型态内部结构

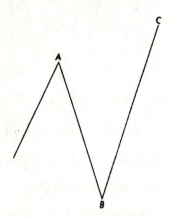

图31　熊市(非常规)平坦型态

图32　熊市(非常规)平坦型态内部结构

波构成,那么就很像更高等级推进波的第一个上升波。在识别奔走型调整波时尤其应关注相邻的推进波的型态,奔走型调整波常常发生在很强、很快的市场,股价快速运动以至于调整波无法形成其标准型态。这时股市中人为的情绪波动凌驾于常规的波动进程。但有一点值得注意的是在股市记录中极少出现奔走型调整波,然而奔走三角型调整波(Running Triangle)却较为常见(见第九讲)。

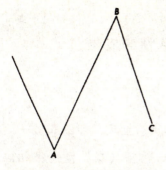

图33　牛市(奔走)平坦型态

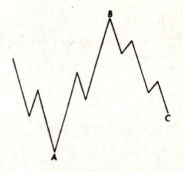

图34　牛市(奔走)平坦型态的内部结构

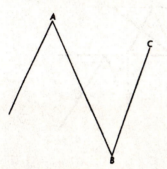

图35　熊市(奔走)平坦型态

图36　熊市(奔走)平坦型态的内部结构

双重顶·双重底及预测方法

最常见的一种反转型态就是双重顶和双重底，如图五之一、二所示，也称 M 顶和 W 底，与头肩型态和三重顶（底）型态很相似，区别在于它们只有两个顶（底）。

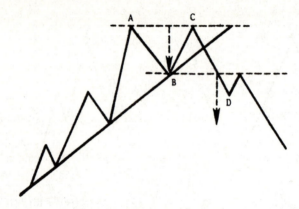

图五之一　双重顶之例，这种型态有两个峰顶(A和C)处于同一价位。当B点之波谷被收市价跌破时，整个型态完成。通常在第二个峰顶(C)时成交量较小，在型态突破点(D)时，成交量又增大。在跌破D点后，也常常反弹至低位阻力线。从突破点D开始，预计最小下跌幅度为型态高度。

在标准的双重顶型态中，双顶的价位接近，第一峰顶时的成交量大，第二峰顶时的成交量小。在 B 点的底部处成交量大，如果收市价格跌破 B 点价位，整个双顶完成，预示市场趋势将发生反转。

从突破点 B 测量双重顶型态的高度，或者从 A 至 B 点测量第一个下跌幅度，预计从突破点 B 将下跌同样幅度。

型态的大小始终是很重要的因素。两个峰值（或两个谷底）之间持续的时间愈长，反转的力量就愈大，这一规律对所有型态都适用。

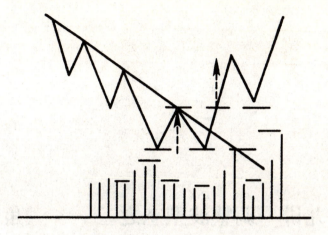

图五之二　双重底型态，与双重顶型态相似，但向上突破时成交量更为重要。

第九讲　调整波型态之三——三角型

三角型调整波是 3—3—3—3—3 型态，常出现于推进波中的第四波和调整波 B 波，反映力量的平衡状态。三角型出现后往往很快形成最后一个推进波。

三角型调整波由 5 波组成，其构成为 3—3—3—3—3。这一类型的波反映了力量的平衡状态，结果形成水平方向运动，往往伴随着成交量的减少。它们可分为图 37 所示的四种类型，前三种类型常常出现，沿着原先的价格水平振动。特别是收缩（Contracting）三角型的出现时，如果 b 波超过了 a 波之起始位置，则很可能形成奔走三角型，如图 38 所示。

很多三角型调整波的构成都是之字型，但有时也有一个子波（往往是 C 波）比其他复杂，可能是常规平坦型或非常规平坦型。也有少

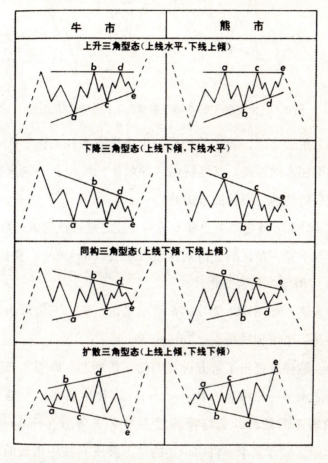

图37　水平三角型态的调整波类型

数情况三角形由九个波组成，那么其中有一个波（常常是 E 波）本身亦可为三角型态。因此，三角型与之字型一样常显示出与延长（Extension）相似的发展势态，其中的一个例子就是图39所示2004年到2005年白银市场走出的图形。

三角型态极少出现在第二波中，一个普遍的原则是三角型态出现位置是第四波或 B 波，也就是在大趋势的最后一个运动之前发生。在

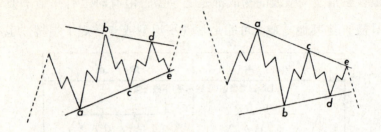

图38　三角型态(左图:牛市三角型态;右图:熊市三角型态)

经过一个三角形之后，股市的最后一个推进波往往很快形成，大约走出与三角形相当的距离。艾略特用"冲刺"（Thrust）一词来描述尾随三角形之后的快速、短暂的推进波。

连结 a 波和 c 波之结束点和 b 波与 d 波之结束点构成三角形，e 波就会上穿与下穿三角区域，特别是在收缩（Contracting）和扩散（Expanding）三角型中尤为如此。

经验表明，如图 44、75 和 76 所示三角型态，三角形的边线收敛之处往往是一个市场转折点（Turning Point）。

此外，波顿还提出了第五种类型的三角型态，即三角形的两条边平行，谓之水平三角型态（Horizontal）。这种称谓实际上是表示调整波的三角型态的统称，艾略特称之为水平三角形（Horizontal Triangles），以示区别于第十一讲中论述的第五波或 C 波中出现的斜三角形（Diagonal Triangles）。

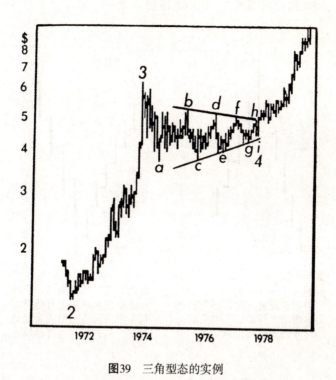

图39　三角型态的实例

再讨论一种反转型态就是单顶与单底，在它的形成过程中很难及时判断，但却并不少见。在真实图表中，它之所以难以判断，是因为这种型态几乎等同于无型态。

在单顶（底）型态中没有市场趋势的缓慢转变过程，代之以趋势的急剧反转，并且几乎没有警告信号，然后转变为相反趋势。大多数这种运动都发生在某一天内完成，并且呈岛形反转。那么怎样判断这种反转并采取相应对策呢？首先观察图六之一、二。

图六之一 单顶型态，这种型态通常发生在强劲的牛市中，伴随着关键反转日或岛型反转出现。

图六之二 单底型态，下降趋势很快反转为上升趋势，甚至没有警告信号或者变化过程，这种型态也许是最难把握的型态。

首先在单顶（底）出现时有明显的市场趋势。通常单顶（底）运动过程中很少调整，并时有价格空跳（Gaps）现象出现，颇似市场已失去控制。整个市场已大幅度超出了预测的正常范围，许多技术分析人员均感忧虑。

当然，避开这类市场是交易者的梦想，但对于有相当经验者而言也是十分困难的。单顶（底）往往出现在十分陡的趋势中，唯一可能的警告信号就是穿透了很大倾斜程度的趋势线。

单顶的下跌幅度大约是上升幅度的三分之一到二分之一，并在十分短的时间内发生。其原因之一就是上升过程中的跳空现象造成无支持价位。

如果形成了单顶后，在顶部被套的人纷纷斩仓，那么将更进一步加重局势的严重性。摆在投资者面前的一个难题就是应持仓到何时结束？通常是下设一个止损点，继续扩大获利、防止突然趋势反转导致的损失。但是这种方法在发生单顶时亦相当难以实施。

第十讲　调整波型态之四——双 3 和三 3

双 3 型与三 3 型调整波是之字型、平坦型和三角型的组合型态，反映市场各方力量呈僵持状态。

双 3（Double Three）和三 3（Triple Three）型是简单 3 型或三角型态组合构成的调整波型态。所谓简单 3 型就是指之字型或平坦型。这类组合调整波大多以一种平坦的方式水平延伸。

双 3 和三 3 分别由七条腿和十一条腿组成（如果其中一个 3 波呈三角型态，那么就多两个波）。图 40 中双 3 可以认为是"A—B—C 与 A—B—C"。

图 41 的三 3 中包括了三个简单 3 型，并且由标有"X"的波将它们分开。

这个 X 波可为任何型态之调整波，但一般还是之字型。

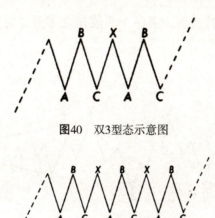

图40　双3型态示意图

图41　三3型态示意图

在双 3 或三 3 型态中，与前一趋势（也就是推进波）相同的只有 X 波或 B 波（或者可能是偶数波），它们只能细分为简单 3 型（或三角型态），然而调整方向的波则可分为 3 波或 5 波，主要取于调整波之结构。

换言之，例如图 40 和图 41 中每个 A 波可由 3 波组成，每个 C 波可由 5 波组成。一个平坦型后接着一个三角型是最典型的双 3 型态，如图 42 所示。

图 43 则显示了一个之字型后尾随一个平坦型之例。一个实际的例子就是图 44 所示的道琼斯指数图形。

本讲中所用之图例大多是牛市的情况，对于熊市亦同样可用，仅需将图形反转即可。

在所有这些情况中，市场行为似乎都有些犹犹豫豫，仿佛一个 3 波没有足够时间展开市场，然而市场又停留在第一个位置，迟迟没有进展，也许是等待经济基本面的转折跟上市场之预测。

通常双3和三3都是水平走向。艾略特指出双3、三3往往背离大趋势，观察表明尤其当至少有一个3波是之字型时更为准确。

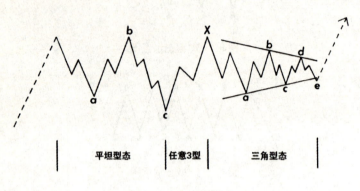

图42　双3型态结构之一

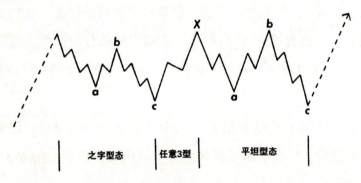

图43　双3型态结构之二

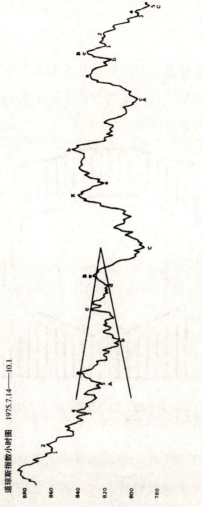

图 44　双 3 型态的实例

圆形顶和圆形底

接着讨论一种反转型态——圆形顶与圆形底，它不如前面讨论的几种反转型态出现得频繁。这一反转型态表示趋势的缓慢、渐近的变化，如图七之一和图七之二所示。

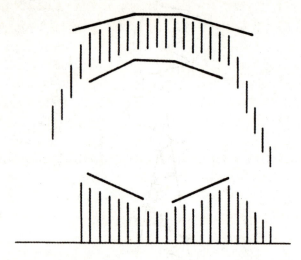

图七之一　圆形顶型态，向上趋势逐渐失去上升力量，并且开始一个新的下降趋势。注意成交量也形成一个圆形。

注意成交量在圆形顶（底）形成过程中的变化。无论在圆形顶或圆形底部中，在趋势发生缓慢的转变时，成交量都在减小，当新的趋势开始形成时，成交量便开始放大。

有时，刚刚经过底部的中点后（见图七之二），伴随着巨大的成交量、价格急剧窜升，然后又回到渐缓的过程。往往在底部形成的结束位置，会出现平台形状，随后就是新的上升趋势。

很难判断何时圆形底形成。A点如果发生一个大的上升运动，往往会认为是一个牛市信号，另外，上升突破平台形状时也被认为是底部结束。

没有测量圆形底部的精确方法。但是，圆形底持续时间愈长，其潜在力量愈大。并且前面的支持位和阻力位、长期趋势线都是重要参考。

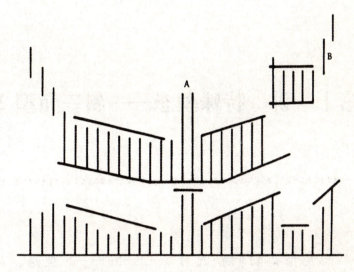

图七之二 圆形底型态。这里需注意成交量变化，往往刚刚走过底部的中点，成交就变得很活跃。当 A 点被突破或B点被突破时，圆形底就完全形成。

第十一讲　特殊型态——斜三角型 2

斜三角型 2 的调整波为 5—3—5—3—5 型态，与斜三角型不同。出现在调整波 A 波和推进波第一波中。

艾略特指出斜三角型出现在第五波或 C 波中，其构成为 3—3—3—3—3。然而最近又发现斜三角型态的一种变形，出现在之字型调整波 A 波，并且偶尔也出现在推进波 5 波中的第一波，如图 45 所示。但是其构成为 5—3—5—3—5，与斜三角型态不同，称为**斜三角型 2**。图 46 为斜三角型态 2 之实例。

斜三角型态出现在第五波和 C 波中，谓**尾部斜三角型态**（Ending Diagonal）。斜三角型态 2 出现在第一波和 A 波中，谓**首部斜三角型态**（Leading Diagonal）。分析时应注意第二类不要与图 7 所示之图形混淆。

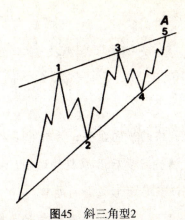

图45　斜三角型2

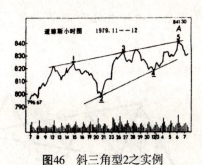

图46　斜三角型2之实例

　　调整型态表现为价格的横向盘整，为趋势运动中出现的停顿现象，并不发生趋势转折，调整完毕后沿原趋势运动。调整型态持续时间较短，反转型态则要花许多时间形成新的趋势。

　　三角型态（Triangles）是调整型态的一种类型，下分三种——同构、上升、下降三角型态，此外也还可有第四种，扩散三角型态，也称喇叭口形。

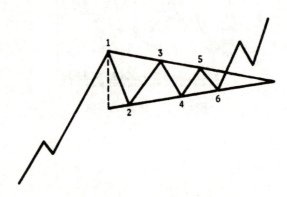

图八之一　牛市同构三角型态图示。注意三角形的两条边是两条收敛的趋势线。当收市价突破了这两条趋势时，整个型态完成。左边的垂直线为基部，两条趋势线的交点为顶点。

　　图八之一表示同构三角型态，由两条收敛的趋势线构成，其中上方趋势线向下倾斜，下方趋势线向上倾斜。图中左方垂直线表示型态之高度，称为型态基部（Ｂａｓｅ）。两条趋势线在右边的交点称为三角型顶点（Apex）。

　　图八之二表示上升三角型态，其中下方趋势线向上倾斜，上方趋势线呈水平状态。图八之三则相反，上方趋势线向下倾斜，下方趋势

线呈水平状态。

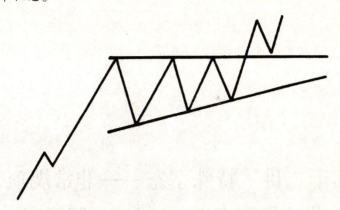

图八之二 上升三角型态图示，三角形上边界线呈水平状，下边界线呈上倾态，通常为牛市型态。

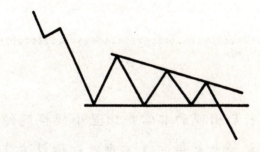

图八之三 下降三角型态图示，三角形上边界线呈下降态，下边界线呈水平态，通常为熊市型态。

第十二讲 特殊型态——非常规顶、非常规型态 2、A—B 基础型态

五波延长后出现的非常规顶呈小模样延伸平坦型态或者是 C 波之长大大超过 A 波型态；调整波非常规型态 2 之 A 波、B 波呈之字型，而 C 波却以平坦奔走型展开；A—B 基础型态可能在真正的牛市上升五波到来之前出现，结构由上升三波和下降三波构成。

非常规顶（Irregular Tops）：艾略特认识到股价的一些非常规性波动，曾专门讨论过非常规顶型态并试图为其找到合理的解释。艾略特指出：如果第五波发生了延长，并且延长的终端也是上一级五波的终

端，那么接着将会出更大一级熊市。这个熊市开始时会是一个不太常见的小模样延伸平坦型（Ex–panded Flat）调整波或者是一个 C 波之长远远超过 A 波的调整波（见图 47）。

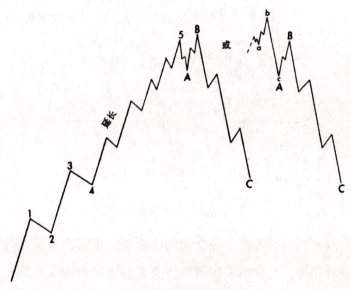

图47　非常规顶

对这种非常规顶的最好说明在于艾略特有关第五波延长之后会发生"双重调整"（Double Retracements）之思想。也就是说，因第五波延长，对如此之强的升势之调整要经两次才能完成。两次调整的深度是，第一次调整到达延长波开始发生的位置（第五波中的第 2 波终点）附近；第二次调整则结束于第五波开始的位置之上（见图 48）。有时两次回调之间的反弹形成一个更高的新顶，也就是艾略特后来论述的非常规顶。

艾略特进一步认为，这种非常规顶与规则顶会交替出现。

至今，关于非常规顶还存在着争议。当代艾略特波动理论的权威罗伯特·柏彻特认为这是艾略特所犯的一个错误。原因是艾略特把原本在第三波发生的延长数为第五波延长。这样一来，在数完波浪之后在顶部仍留下多余的一波，于是艾略特按照他的观点进行了处理，提出非常规顶型态。柏彻特氏还指出，主要是1920年和1930年两次令人印象深刻的第五波延长影响了艾略特的正确思考。

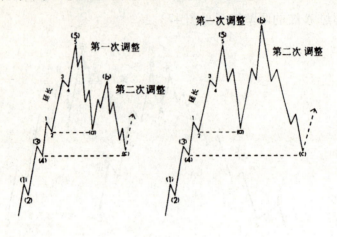

图48　双重调整

　　关于双重调整是否为一种合理的解释呢？柏彻特氏说：其实按照艾略特波动原理，通常第一次调整波会在前面的第四波的区间内构筑底部。这样看来，所谓的双重调整的结束位置是很自然的。可以把第二次调整看成是次一级的方向波（Impulse Wave）。将A波和B波视为延伸平坦型是可以接受的，但不需要再取一个特殊的名称。

　　非常规型态2：艾略特也描述过A—B—C调整波的非常规形态，称其为非常规型态2。对这一类型的结构，艾略特指出：作为之字型态，B波未及A波的启始位置；而作为奔走调整型态，C波结束于A波终点位置的上方。

　　柏彻特氏同样认为，非常规型态2由于是伴随非常规顶型态而出现的类型，所以也不能成立。理由是这两种特殊类型源于同一种观点，即没能看到延长其实发生在第三波上。如图49所示，指出如果将非常规型态2之a—b—c错误地算做第二波，最后就必然出现一个"非常规顶"。

但我们从柏彻特氏提供的正确的数浪图例（图49）中也发现，虽然视第三波发生了延长，可以排除多余的一波——非常规顶，但第五波仍呈现延长。这不符合推进波中有一个且只有一个波出现延长的原则（见第四讲）。反过来看，如果视第五波根本没有发生延长，那么第四波对第三波延长的调整不仅显得十分无力，而第五波之后的调整又过于强盛。艾略特与其继承者柏彻特到底孰是孰非尚待更多的论证。

　　A—B基础型态： 在《自然法则》一书中，艾略特曾两次提到一种"A—B基础"型态，其结构的形成是，当满足规则的数浪表示下跌已经结束后，市场却在真正的牛市五波到来之前出现了一个三波上升的A波和三波下降的B波。这种型态极为特殊，艾略特称其为A—B基础（A—B Base）。但目前这种型态在何种条件下出现仍不十分清楚。反对者的意见认为如果A—B基础型态成立，将会动摇整个艾略特波动原理的基础。

　　艾略特本人提出的上述三种特殊型态，至今仍有争议。

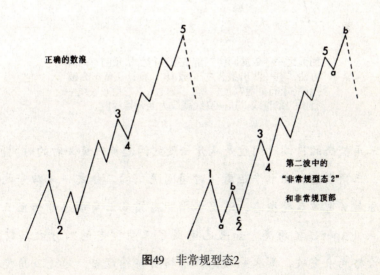

图49　非常规型态2

小知识　　　　　　　　　　　股价型态

同构三角型态

同构三角型态通常是一种调整型态，表示现存趋势中发生停顿、随后又沿原趋势运动。如图八之一所示，当趋势上升时三角型态也趋于上升。如果趋势下降，那么同构三角型态也就暗示熊市。

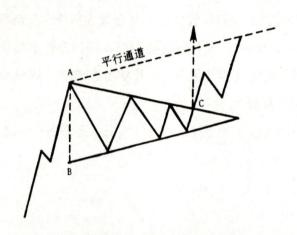

图九之一　依据同构三角型态进行价格预测有两种方法。其一测出型态之高度(AB)，预计从型态突破点C将上行同等高度；其二，通过A点与型态底线平行画一条直线，这一直线就成为上升目标值。

　　三角型态的持续时间就是从开始处到两趋势线交叉时的时间间隔。通常，三角型态会在水平距离（时间间隔）的二分之一或四分之三位置沿原趋势突破盘整型态，这里水平距离指从三角型态开始至三角型态顶点（Apex）之距离。如果已完成了三角型态的四分之三持续时间，价格尚未突破，那么一般意味价格将持续盘整，超过三角型态之顶点。

　　同构三角型态最简单的测算方法是量出三角型态之高度和三角型态之宽度（即水平方向的时间间隔），预计从三角型态的突破点将反弹的距离（高度）为基部高度，如图九所示。

　　第二种测量方法就是从基部之顶端画一条与下方趋势线平行之趋势线，这一趋势线就成为上升趋势中的上升目标值。

第十三讲　数浪三法则——
重叠·波幅·位置

股市中第四波与第一波不重叠，第三波不会是最短的一波。波之间具有相对位置。

数浪法则之一：波的重叠

艾略特在《自然法则》中指出五波中的第四波一般不能与第一波重叠（Overlapping），也就是不能调整到第一波之下，除了一种特殊情况就是斜三角形（Diagonal Triangle）。

关于波的重叠这一数浪法则，在常规下应遵守，除非艾略特波动原理中所有方面的考虑均打破了这项法则，但这种情况很少见。

数浪法则之二：波的幅度

另外艾略特还指出第三波经常很长，绝对不会是五波的三个推进波（Impulse Waves）中最短的一波。为了理解这一法则可看图50、51、52之例。

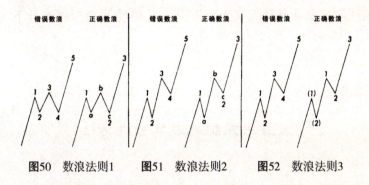

图50 数浪法则1　　图51 数浪法则2　　图52 数浪法则3

在图50的左图中，第四波与第一波的顶部重叠，正确的标记为右图。在图51的左图中，第三波太短，实际上是右图所示的奔走型调整波。图52的左图表示了一个很关键的例子，首先第五波波幅超过了第三波，并且第三波波幅也小于第一波，那么实际上第三波就是波幅最短的一波。不妨如右图所示重新标记波浪。也就是将图形标记为上一级的第（3）波正在发生延长之型态，因为通常第三波会出现延长，所以这也是一种常见的标记方式。

在数浪过程中，养成一种习惯，将早期展开的波计为第三浪之延长，将有助于分析。这一点在有关波的特性讨论时将详细叙述，见第十八讲。

数浪法则之三：波的位置

　　第三个标记波浪的规则是第五波较有弹性，可能并不超越第三波之结束位置，以及其第二波不会调整100%超过第一波起始位置。

　　关于5波形态的分析，本书仅提及这三个法则，分析者如果违背这三条法则，那么某种意义上就不是在艾略特波动原弹指导下进行分析了。

　　上升三角型态是同构三角型态之变形，但是有不同的含意，如图十所示，表明市场买压大于卖压，是一种牛市型态。不论出现在价格趋势运动的哪个阶段，都具确定的预测作用。发生上升突破时一般是收市价格穿透上端水平趋势线，成交量增大，同时也常常随后发生回调，这时成交量减小。

　　上升三角型态的测量方法较简单。首先测出型态之高度，预计从型态突破点将向上运动同样的高度。

　　由于上升三角型态常出现于上升趋势中，且又是调整型态，有时就表现为底部型态（Bottoming Pattern），也就是说会在下降趋势的结束位置出现上升三角型态，然而既使在这种情况下，仍为牛市倾向。突破三角型态之上端水平趋势线表明发出牛市信号。

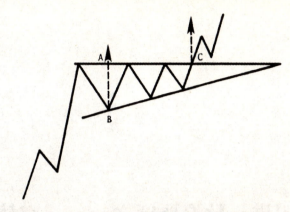

图九之二　　上升三角型态，当收市价穿透上方直线时，整个型态完成。突破型态时伴随着巨大成交量。当突破了型态之后，上方阻力线就转而成为支持线。测出型态之高度(AB)，预计从型态突破点C至少将上升这一高度。

第十四讲　数浪要领之一——交替规则

第二波出现快速调整，则第四波很有可能横向盘整，反之亦然。波浪的各种型态呈交替出现的倾向。

在分析波浪型态时和预测未来可能性时应当记住的一点是在波浪运动中各种型态往往**交替**（Alternation）出现，几乎在每一级波浪运动中都是如此。例如，如果第二波（调整）逆趋势而行的运动很快，则应当估计在第四波调整中出现横向盘整（Sideway），反过来也是同样。

图53反映了牛市和熊市中推进波的上述特性。大幅度的快速调整（Sharp Correction）所达到的新值与前一推进波结束位置几乎无关。一般均呈之字型态（简单之字或双之字或三之字型）；偶尔也可能是以

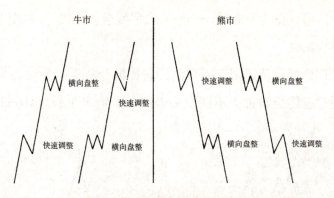

图53 数浪的型态交替规则之一

之字型开头的双3型态。横向盘整则可能出现平坦型、双3、三3或三角型态，通常所创新值与前一推进波的结束位置相关，在其附近徘徊。偶尔，在第四波中一个常规三角型态亦会形成快速调整，与第二波中另一个类型的横向盘整交替出现。

此外，交替规则的另一个应用就是如果一个大的调整波之A波是一个简单的a—b—c平坦型，则可预期B波出现之字型a—b—c，反之亦然（见图54，图55）。稍加考虑就会发现，第一种情况反映了上升之趋向而第二种情况则趋于下降。

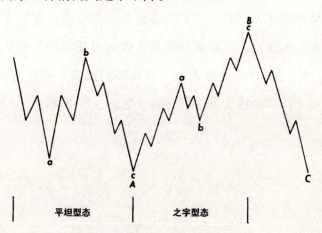

图54 数浪的型态交替规则之二

经常如果一个大的调整波的A波是a—b—c之字型态，那么B波就要延伸，形成更为复杂的a—b—c之字型态，如图56和图57所示，反之则较少出现。

波浪理论的交替规则应用广泛，它提醒分析人员始终注意下一个波浪运动型态将会与过去不同。关于这一点哈米尔顿（Hamilton Bolt-

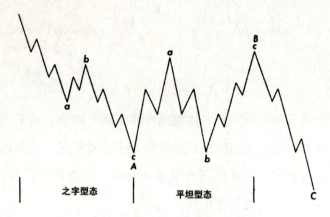

图55 数浪的型态交替规则之三

on）说过：我不敢肯定在更大一级的波浪结构中交替规律是否必然成立，但已有足够多的实例让人们按照交替规则进行预测而不是违背这一规则。

交替规则提醒人们哪类型态不会出现，至于会出现怎样的情况却不能精确地说出定论。其最大作用在于告诫分析家们不要认为市场还会重复前一个循环的运动方式。一旦众多的投资者捕捉到市场习性，那么随之而来的市场将会发生彻底的改变，这是市场的一条规律。

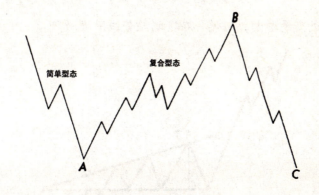

图56　数浪的型态交替规则之四

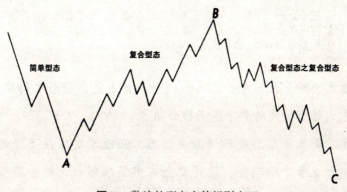

图57　数浪的型态交替规则之五

下降三角型态及其预测方法

下降三角型态一般被认为是一种熊市型态，如图十一所示，表明市场卖方压力大于买方力量。当收市价低于下端趋势线时发出下滑信号，通常成交量增大，回弹将在下端趋势线附近遇阻。

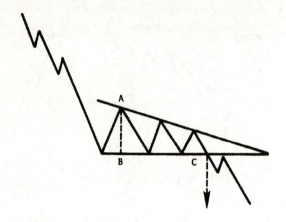

图十之一 下降三角型态,当收市价跌破下方水平直线时,这一熊市型态便告完成。测出三角型态之高度(AB),预计从型态突破点C将下跌这一高度。

测量方法与上升三角型态几乎相同，首先量出型态之高度，从向下突破点开始市场大约要下滑同样的高度。

由于下降三角型态是一种调整型态，且通常发生在下降趋势中，因此也常出现于市场顶部，这种型态在市场顶部出现时并不难辨认，收市价跌破下端平行趋势线发出跌势信号。

第十五讲　数浪要领之二——调整波深度（熊市的极限位置）

> 调整波尤其是第四调整波，其最大调整的结束位置是前一个次级的第四波调整的结束位置。

"熊市究竟要走到什么样的底谷"？至今尚未有谁能比艾略特更好地回答这一问题，也只有波浪理论才能给投资者一个较合理的答案。也就是，调整波尤其是第四波调整的情况，最大调整的结束位置是前一个次级的第四波调整的结束位置。

例1：1929—1932 年的熊市

这里分析 1789 年至 1932 年美股市场的走势。1932 年超级循环的（IV）波之底部未降至循环级的 IV 波调整幅度之下，循环级的 IV 波本身是一个从 1890 年至 1921 年的扩散三角型态（见图77）。

例 2：1942 年的熊市

该例是图 78 所示，从 1937 年至 1942 年美股市场的循环级熊市，呈之字型态，其尾部跌止于 1932 年至 1937 年牛市的基本级第四波之调整位置之上方。

例 3：1974 年的熊市

1974 年结束了 1966—1974 年循环级调整波Ⅳ，它调整从 1942 年开始的循环级推进波Ⅲ，平均下降止于次级（基本级）波④附近，同样见图 78。

有时，平坦型或三角型调整波，尤其是随延长后出现的调整波往往下降不到第四波的范围。然而有时之字型快速调整下降至次级第二波范围，双重底就是指这种情况。

喇叭口型态是三角型态的一种变型，较为少见，如图十二所示，实则为扩散三角型态。随着价格的推移，成交量逐渐放大，反映市场参与者众多，热情失控。喇叭口型态往往出现在市场的大顶附近，因此是一种熊市型态。

当喇叭口型态自第三个峰顶下跌，跌破第二个谷底时，整个型态完全形成，给出熊市信号。在观察价格突破现象时，可用各种过滤方法尽量减少假信号。由于这一型态有三个峰顶和两个谷底，因此又叫做五点反转型态（Five – Point Reversal Pattern）。

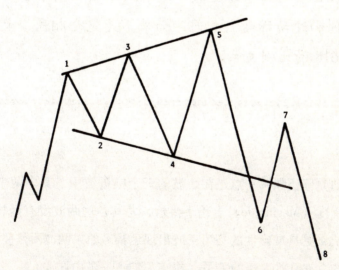

图十之二 喇叭口型态是一种扩散三角型态，通常出现在重要顶部，它包括三个一个比一个高的峰顶和两个一个比一个低的谷底。跌破第二个谷底，型态便告完成。这种型态较难把握，一般很少出现。

第十六讲　数浪要领之三——波的等量性

在 5 波的三个推进波中，有两个波倾向于在波动持续时间和波动程度上相同，如果不是完全相同，大约存在 0.618 的比例关系。

波动原理还强调一点，在 5 波的三个推进波中，其中两个波在时间上和程度（Magnitude）上趋于接近，尤其是这两波没有延长而另一波有延长，更具准确性的是第三波出现延长。如果两波不是完全相等，那么大约存在 0.618 倍的关系（将在第二十一讲中详述）。

当波的等级大于中型级时，等量法则往往就要采用百分比来表述。例图 78 中的美股市场图形，在 1942 年至 1966 年循环级的波中，基本级的①波之幅度为 120 点，上升 129%，持续 49 个月，而基本级的⑤波波幅为 438 点，上升 80%，为 129% 的 0.618 倍，持续约 40 个月，而基本级的③波上升 324%，持续了 126 个月。

另一方面，当波的等级小于中型级时，等量法则可用实际数目表示。例如美股市场 1976 年年底第一波持续 47 小时，幅度达 35.24 点，而第五波则同样持续了 47 小时，幅度达 34.40 点。说明波的等量法则是相当准确的。

菱型是另一个少见的型态，通常出现在市场顶部。这种类型就像两个不同型态的三角形的结合，第一个三角型态是扩散型，第二个三角型是同构型，如图十三所示。在第一个三角型态中成交量随价格波动幅度增大而增大，然后在第二个三角型态中随价格窄幅波动，成交量减小。

一般而言，菱型多为反转型态而非调整型态。当第二个三角型态的下端趋势线被跌破时，菱型即告完全形成，在最后突破下端趋势线时往往伴随着很大的成交量。

根据菱形进行预测与前述三角型态基本相同。在菱型的最大高度处测出其高度，预计从突破点开始将向下运动同样高度，且在突破型态之后常发生反弹，反弹目标是最低阻力线，随后返回原下降趋势。

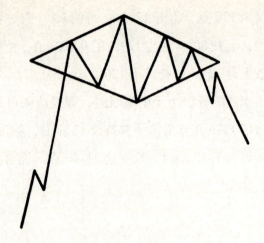

图十之三 菱型,是一种头部反转型态,其左半部分类似于扩散三角型态,右半部分类似于同构三角型态。当低位趋势线被突破时,型态便告结束。测出型态之最大高度,预计从型态突破点将下跌同样高度。

第十七讲　数浪要领之四
——波的平行通道

当 5 波接近完成时，第二波的结束点和第四波的结束点所形成的平行通道较为可信，由未发生延长的第三波顶点所作通道上边界线更为可信。

艾略特体系中区分各种波的主要目的就是确定当前价位在股市循环运动中的位置，只要将波浪数记清晰此问题便迎刃而解。在快速运动、激情高涨的市场上，尤其是推进波中，通常次级运动形式的展开并不复杂。然而在缓慢、惰性大的市场上，尤其是在调整波中，波的结构很复杂而又发展迟缓，例如第二波呈之字型态时，第四波就可能出现横向盘整。这种僵持阶段最令分析家们头痛，此时最好远离市场去享受在推进波阶段收取的果实。在市场上不能希望有什么发生，当市场休息时，你也休息，这是最聪明之举。

为了跟踪股市的变化，最好使用对数图表，因为最能反映股市情况的是价格增加或减少的百分比。投资者关心的是涨跌百分比而非市场平均点数。例如，美股市场上当今 DJIA 的 10 点已无太大意义，仅是1%的运动，而在 1920 年左右则表示10%的运动。但是，仅对于很长时间的图表而言，用对数刻度较好，短时间内最好还是用算术坐标。

艾略特认为之所以需要用对数坐标作平均通道的观察，是因为通货膨胀的原因，但实际上并不完全如此。究竟对数坐标还是算术坐标更实用，取决于所观察的波的等级大小，波的等级愈大，就愈需要对数坐标。另一方面，要适当地选用坐标系（对数或算术），方可准确地作出艾略特的平行通道。

当发展运动过程加速时，需要使用对数坐标。但如果已有时间间隔和价格，那么无论用对数坐标还是算术坐标均可作出平行通道。因此，问题就是何时使用对数坐标、何时使用算术坐标。

艾略特提出用**平行通道**（Channel）来确认常规情况下的目标值和可能的发展趋势（Trend），并认为通道是分析完整的波浪和独立解析波浪的重要工具。

下面论述怎样作出通道。首先，要画出两条平行线组成的通道至少要找到三个点。

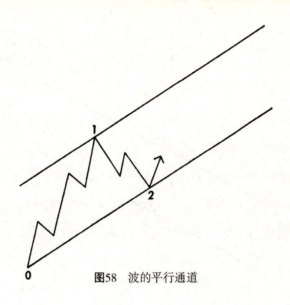

图58　波的平行通道

　　步骤1：当第二波完成后可画出第一个通道，如图 58 所示连接"0"和"2"两点画一直线，然后与该直线平行且通过"1"点画一直线，形成通道。这里我们称"1"、"2"、"0"为切点。

　　步骤2：如果下一个转折点（Turning Point）不能落在通道附近，就表明应当重新画通道。为了构筑新的通道，首先忽略第一个点，即"0"点，如图 59 所示画出新通道，在大多数情况下第三波都会穿透第一通道，再画一个新通道则"0"点就不再是切点。

　　重复步骤 2 直至第四波结束。如果股价走向并不规整地落在通道内，可以更换一种坐标（例如算术坐标或对数坐标）进行分析。

　　当波接近完成时，连接第二波结束点和第四波结束点形成最后的通道往往是最可信的。经验表明，如果第一波和第三波的型态较常规化（无延长发生），那么从第三波顶点引出的第二条直线最准确，如图 60 所示；如果第三波非寻常地延伸，几乎成垂直状，那么从第三波的顶点引出的通道上边界线就太高了，这时使用第一波的顶点画出的通道上边界线更具实用价值。

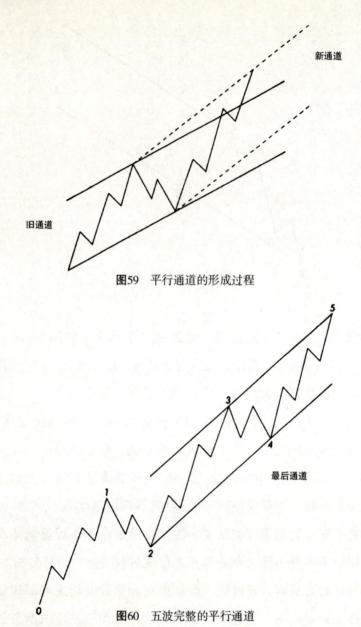

图59　平行通道的形成过程

图60　五波完整的平行通道

　　在有些情况下也可同时画出两种通道，即一是由第一波之顶点引通道的上边界平行线，二是由第三波之顶点引通道的上边界平行线，然后分析成交量情况。在第五波中如果接近上端趋势线（Trendline）并同时伴有成交量下跌，那么预示第五波可能达不到预计值；如果成交量变大，那么就发出了可能穿透上端趋势线的信号，在接近穿透点时，次一级的第四波有可能水平方向调整，然后随着巨大的成交量第五波穿透上端趋势线。

旗型（Flag）和三角旗型（Pennant）都是很常见的调整型态，出现的先决条件是事前市场呈现出陡峻的上升运动或下跌运动，需要停下来喘口气再继续沿原趋势运动。它们是最可靠的调整型态，很少反转，如图十四之一、之二所示。在型态出现之前的价格上升运动时期成交量很大，然后在整个型态中剧烈减小，随后突破上升状态时又急剧增大。

旗型仿佛是一个长方形旗帜，有两条平行的趋势线作为它的两条边，当处于上升趋势时，这两条趋势线向下倾斜，当处于下降趋势时，这两条趋势线向上倾斜。三角旗型由两条几乎水平的收敛趋势线构成，非常接近于同构三角型态。

上升趋势中两种型态都是在突破上方趋势线后完成型态，下降趋势中突破下方趋势线后完成型态，突破趋势线时有很大成交量。

旗杆是型态之前的上升（或下降）距离，一般这两个型态要运动到旗杆的中间位置方会结束。并且当一个旗型或三角旗型完成之后，接着又会形成下一个旗型或三角旗型。两种型态总结如下：

1. 旗型和三角旗型均由一个旗杆领先，表示价格的快速运动，伴随着巨大的成交量。

2. 价格在一至三周内几乎停止不动，成交量很小。

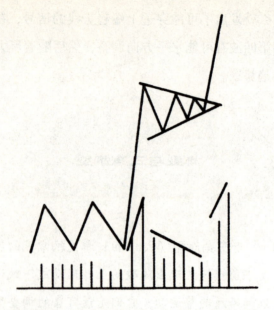

图十四之一 牛市三角旗型,与小同构三角型态相似,但通常持续不了三周以上。在型态形成过程中,成交量萎缩。三角旗型发生后上涨的高度大约与发生前上涨高度相同。

3. 伴随着巨大的成交量返回原趋势。

4. 两种型态均出现于市场运动的中期阶段。

5. 三角旗型与小的水平同构三角型态相仿。

6. 旗型与一斜长方形相似,与趋势相反,有两条平行的倾斜趋势线。

7. 两种型态的持续时间都很短。

8. 两种型态都常常出现。

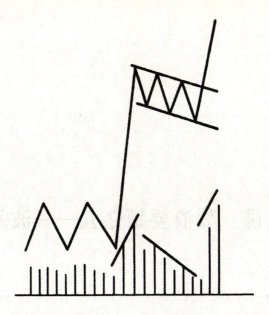

图十四之二　牛市旗型，通常在剧烈的上升运动之后
发生，表示趋势中的一个短暂停顿。旗型与主趋势方
向相反，在旗型形成过程中，成交量趋于萎缩，而后
突破型态时又重新加大。旗型一般在趋势运动的中间
阶段出现。

第十八讲 数浪要领之五——波的特征

各种波由于所处位置的不同，其特性也有差异。掌握这些规律有助于我们正确地分析波动型态。

艾略特波浪系列的各类波都独具特性，反映了大众不断变化的心理。从消沉失望到兴奋乐观的大众情绪反复循环，在波浪结构的对应各点都发生相似的情况。通常无论在特大超级循环或次微级的波浪中，都能观察到明显的特征。对波浪特性的认识不仅可以帮助预测下一系列波浪的出现方式，而且有助于在数浪方式尚有争议的情况下确认目前市场所处位置。波浪运动尚未完全展开时，艾略特法则往往允许几种数浪方式共存，因此，认识波浪的特性有其不可估量的价值。弄清了每个单一型态波浪的特性，就更容易准确地分析复杂波浪。以下讨论牛市的情况，反过来熊市也可同样适用，只不过熊市中推进波向下运动、调整波向上运动。

(1) 第一波 (First Waves)

粗略估计，至少半数情况下第一波都在底部运动，并且被第二波大幅度调整下去。由于有前面跌市，第一波呈结构性上升、成交量和幅度稍有增长。众多投资者认为整个市场下降成为定局，因此很明显有大量的短线抛盘。

(2) 第二波 (Second Waves)

第二波进行大幅度调整，在第一波中的获利大多又被第二波卷回市场，将陷入一片恐慌之中。这时投资者往往深信熊市又回来了。常在第二波出现道氏的买点 (Buy Spots) 信号，低成交表明市场正值抛盘压力减小之时，并且在下方出现道氏理论中提出的不确认现象 (Non – Comfirmation)。

(3) 第三波 (Third Waves)

第三波势头强，幅度大，趋势明确。随着投资者信心回升、势头日渐看好。第三波通常伴有很大成交量，并且价格运动也常常产生一系列的延长波，第三波中又出现第三波，成交量膨胀、波幅递增、股价疯狂运动，每小时、每天、每星期、每年都有很大的市场利益。几乎每个股的价格都在运动。当第三波展开时，它的市场特性为正确数浪提供了很好的依据。

(4) 第四波（Fourth Waves）

第四波的波幅可以预测（第十五讲），并且根据波浪型态的交替规律（第十四讲），它与同等级第二波的运动型态往往不相同。有时波的结构较为复杂，而且为第五波运动奠定基础。在这一波中借助第三波的力量股市形成顶部并开始下滑，由于这一波初期显露市场疲乏的征兆，第五波中市场随后发出不确认信号，显示市场乏力。

(5) 第五波（Fifth Waves）

通常第五波如果不发生延长，运动方式并不十分多变复杂，一般没有第三波那样给人的印象深刻。在第五波中，尽管二级市场股价已经运动迟缓，但投资者仍然极端乐观、高价追捧，股价较前一调整波也确实进而推高一步。

(6) "A" 波

投资者通常认为熊市的"A"波是为下一个上升作出的调整，因此倾向于买方，尽管这时技术上已首次表明濒临崩溃。"A"波引出下面"B"波。如果"A"波由 5 波组成，那么就是之字型态，如果"A"波由 3 波构成，那么就是平坦型态或三角型态。

(7)"B"波

"B"波是种假象，是牛市陷阱，这时观察者进退维谷。在"B"波中，常常都将注意力集中在几个很少的股票上，实际上可观察到道氏理论中的不确认现象。技术方面而言已不属强势，随时都有可能将市场利益卷入 C 波的回调中去。如果观察者此时能够提出市场运动似乎有些异样这种质疑，也许就正好是空仓的好时机，在扩散三角型态的"X"波和"D"波中也有相似的特性。

通常，中型级或更低级的"B"波会出现成交量减少的情况，而基本级或更高级的"B"波则可能伴随成交量增加，甚至高于前面牛市的成交量，表明更大范围地吸收资金投入。

(8)"C"波

"C"波通常是毁灭性的，它是第三个波，且具有诸多第三波的特性。在这一波的下跌过程中似乎只有毁灭一条路。贯穿"A"、"B"波中的幻想一个个破灭，恐惧占领了市场，"C"波会持续纵深地发展。对上一级熊市进行向上调整的"C"波也极富多变性，常会错误地认为市场发起了一轮新的上升运动，尤其是"C"波以 5 波形式展开时更为如此。

(9) "D" 波

除扩散三角型态（Expanding Triangle）外，"D" 波都伴随着不断增长的成交量，"D" 波是一种变形的部分调整，它有许多第一波的特征，但不是完全回弹（除扩散三角形外）。

(10) "E" 波

许多市场观察者都认为 "E" 波像是一个新的下跌趋势，但实际上常常伴随着某些利好消息，进一步下滑是假象。往往使得市场参与者确信熊市无疑。恰恰相反，此时应注意市场向相反方向运动。因此，"E" 波作为结尾波，与第五波有些相似之处，心理上的因素在左右市场。

各类波的特性仅仅是建议性的讨论，而非规则，只能作为参考，也常常发生例外。透彻了解波浪的特性，在数波浪时就更有把握。正确地数波浪又反过来帮助预测市场。

小知识　　　　楔　型　　　　股价型态

楔型（Wedge Formation）与同构三角型在型态和持续时间上都基本一致，也是由两条收敛的趋势线构成，它们的交点称为型态顶点。

楔型与同构三角型态之区别在于它有明显的倾斜。与旗型相同，楔型的倾斜方向与现有趋势相反。因此，下倾楔型是牛市型态，上倾楔型是熊市型态，分别如图十五之一、之二所示。

楔型常出现在当前趋势的中期，为调整型态，也出现于市场顶部

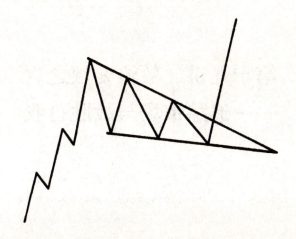

图十五之一 牛市下降楔型，有两条收敛的趋势线，但是与主趋势方向相反，下降楔型通常是牛市信号。

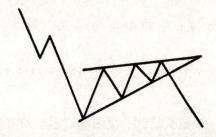

图十五之二 熊市楔型，与下降的主趋势相反方向。

或底部，形成反转型态，但这种情况较少发生。在上升趋势的顶部，上倾楔型表示熊市即将来临的信号；反之，在底部下倾楔型则发出向上转势的信号。

型态持续过程中成交量逐渐减小，突破型态时增大，下降趋势中楔型持续时间一般小于上升趋势中楔型持续时间。

第十九讲　数浪要领之六
——追踪市场与战胜自我

　　　　数浪最大的要点在于随时观察价格变动，客观地认知市场，抛弃一切主观的幻想与恐惧心理。

　　首先我们将谈一谈成交量这一反映股市运动的重要指标。

　　艾略特认为成交量与波浪类型无相关性，但有时也可用作数浪和推测未来趋势的工具，并且认为在任何牛市，成交量自然地随着价格运动趋势扩大或缩小。在调整波中，成交量减少通常表明卖出压力减轻。在成交量的低点常常出现市场的转折点。如果第五波的成交量大于或等于第三波成交量，则第五波很可能会发生延长，结果就会出现第一波与第三波波幅接近的情况。

　　接着我们将谈一下如何正确分析波浪型态。

　　波浪的整体标记有一个共同认可的方案，虽然任何一个五波都可强制性地数为一个三波，例如将前三个子波标记为一个 A 波，如图 61 所示，但实际上是不正确的。如果可以这样随意标记，那么艾略特体系就不可能成立。很长的第三波后接着第四波，并且第四波远远停在第一波结束位置之上时，只能是五波。因为假设 A 波由三波组成，那么 B 波就应当降至 A 波之起始位置（由平坦型调整波之型态确定），显然发生矛盾。总而言之，明了波的内部构成有助于波的标记分类，反过来正确的标记分类又有助于明了波的构成。

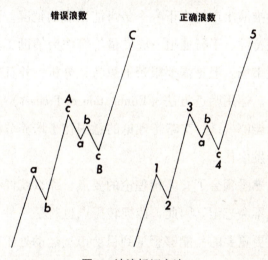

图61　波浪标记方法

　　在本书的前面数讲中涉及正确数浪的要领，经验表明，分析者将自己的情绪和愿望卷入市场，并且仅仅依据波浪原理中各种型态的伸缩性、主观地提出不恰当的数浪方式，将非常危险。常常会受到这样的困扰，怎样记数运动中的波浪，或者怎划分波浪等级？经验也表明，如果一时弄不清楚波浪目前的位置，最好暂时置于一边，待其发展。有时即使回顾前期走势，型态分类亦不是件简单之事，那么暂时等待，往往接下去的波浪运动使得分析更加容易，目前的波浪在更高一级处于何种位置也更加清晰。

应当记住一个重要之点，当根据正确的数浪制定投资方略时，波浪型态的交替特性就特别有助于估计未来型态，迅速适应不断变化的市场。艾略特数浪法则在正确选择投资时机和退出市场时机上有很大价值，而波浪型态的灵活性又时时提醒投资者，市场运动没有哪种方式是完全可能出现和完全不可能出现的。

福尔摩斯总结侦探中常用的排除法则：除去了不可能的情况，剩下的就是真理。这也是运用艾略特波动原理通向成功之路的一句精辟总结。最好的方法就是演绎推理，首先弄清楚艾略特法则不允许出现的情况，然后推演出市场中下一个最可能出现的情况。运用延长、交替规律、重叠特性、平行通道、成交量等等作为辅助工具，往往能更为有效地把握市场。但是需要艰苦的思考、分析，并且很少能够提供一个特定信号。运用筛选方法（Elimination of Process）找出可能的结果，希望读者能够一试。艾略特理论的意图在于培养分析者注意到下一步市场将会发生什么。

当你一旦熟悉领会了艾略特理论的要点，那么就像小孩学会了骑自行车，再也不会忘记。因此，捕捉转折点也就是一件寻常之事，并不十分困难。更重要的是能够感觉到目前市场运动处于什么位置，艾略特理论使人们在心理上有准备去避免常常发生的错误，认为目前的趋势会线性地发展到将来。

艾略特强调分析人员应进行严格训练，并且能够客观地分析市场。波顿曾说过，最艰难的学习是接受你所见到的事实。如果一个分析人员不相信他所见到的，那么肯定有其他原因使他试图主观地解释市场，这是最危险的情况，这时任何分析市场的工具都会失效。

具有挑战精神的分析人员都客观地承认在任何时候各种可能的结果都有出现几率的不同（Order of Probabilities），然而毕竟几率有大有小。当然任何时候都不可能确切知道市场下一步将向何方运动。人们也应当承认无论多么准确的方法亦有失误的时候，只不过波动原理较其他可靠罢了。

矩形型态及其短线操作技巧

　　矩形型态常常出现，价格在两条平行的直线中横向盘整，表示趋势中的停顿（见图十六之一、之二）。

　　在道氏理论中称矩形型态为盘局（Line），一般发生在趋势中期，随后又回到原趋势。其预测方法与同构三角型态相似，只不过趋势线是水平方向而不是收敛的。

　　收市价超过了上边界或下边界表明型态完成，并返回沿原趋势的运动。

　　一个重要的观察对象就是成交量的变化。由于价格上、下运动幅度基本相同，则需要紧紧注意成交量变化情况。例如在上升趋势中，如果矩形型态中，上升运动时成交量大于回调时的成交量，那么就有可能突破型态，沿原上升趋势运动。反之，如果矩形型态中，上升运动时的成交量小于下降运动中发生的成交量，那么就有可能发生型态反转，变为下降趋势。

　　利用矩形型态作短线操作，底线位置买入、顶线位置卖出，在盘整期间的无趋势运动中获利。由于利用了两个极端价位，风险相对较小，万一发生型态突破，那么充其量不过斩掉最后的交易，并可掉转

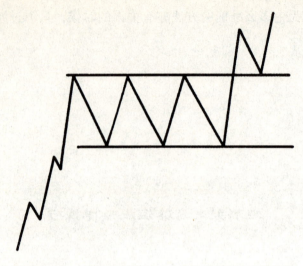

图十六之一 牛市矩形型态，也就是道氏理论中的盘局，表示交易价格在两条水平的趋势线中运动。

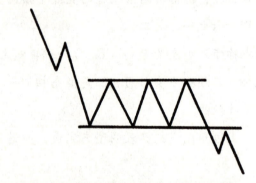

图十六之二 熊市矩形型态，通常为调整型态。

方向沿新的运动趋势继续进行交易。在这类操作中，振荡指标（Oscillators）很有作用，但是一旦发生型态突破时亦无能为力。

　　还有的交易者在上升趋势中的矩形型态的底线价位持仓、满仓，在下降趋势的矩形型态的顶线价位空仓、卖空，以待行情发生型态突破而后获利。另外一些交易者则避开这种无趋势市场，究竟如何为佳，当然有待于各人的判断。

第二十讲　波动原理数学基础之一
——费波纳茨级数

　　费波纳茨级数 1、1、2、3、5、8、13……各项之间存在一些重要的比例关系：0.618、1.618、2.618、0.328 等等，是预测波动幅度的关键。

　　费波纳茨级数是由 13 世纪的数学家费波纳茨（Leonardo Fibonacci da Pisa）发现。本讲将介绍费波纳茨和费波纳茨级数。当艾略特撰写《自然法则》一书时，特别以费波纳茨级数作为波浪原理的数学基础，可以说股市波动型态与费波纳茨级数相互吻合。

　　公元 476 至 1000 年左右是欧洲的黑暗时期，这一时期内欧洲的哲学家、数学家们都纷纷涌入印度、阿拉伯等地区。地中海一带慢慢地成为文化、商业、数学、新观念的发源地。

在中世纪初期，比萨（Pisa，意大利中部城市）就成为商业贸易中心，建设了港口。毛皮、羊毛、钢铁、铜、锡、香料都用黄金作为主要货币进行交易。比萨的经济力量大大发展了皮革业、造船业、钢铁业，不仅如此，政治亦相当健全。例如，主要地方官员在任期未满之前不受任何俸金，当任期结束时由主考官审查是否有资格获得俸金。费波纳茨就是当时考核官员们的审查官之一。

费波纳茨生于 1170 年至 1180 年之间，是一位很有名望的商人和政府官员的儿子，也许就住在比萨城的某个城堡之中。这些城堡既是工作场地，又是抗击入侵者的阵地，也是家庭居住之地。在费波纳茨那个时代，比萨著名的斜塔正在修建。

费波纳茨孩童时期就很熟悉商业活动，包括使用算盘，算盘是当时欧洲最广泛使用的计算工具。虽然其母语是意大利语，但他精通法文、希腊文甚至拉丁文。后来费波纳茨的父亲被派往北非任职，为了让费波纳茨完成他的学业，父亲让他同行，这样费波纳茨就开始了他在地中海一带的公务旅行。在一次埃及之行后，他发表了著名的《算学》（Book of Calculation）一书，将十进制计数系统引入了欧洲，十进制计数系统包括 0、1、2、3、4、5、6、7、8、9，也就是后人熟知的阿拉伯数字。

费波纳茨在《算学》一书中提出了当今称为费波纳茨级数的数列：1、1、2、3、5、8、13、21、34、55、89、144，并无限延伸。这个级数起源于这样一个问题：

一对兔子在封闭的环境下，假设从出生以后第二个月开始每月繁殖一对兔子，那么从这一对兔子开始，一年后会繁殖出多少对兔子？

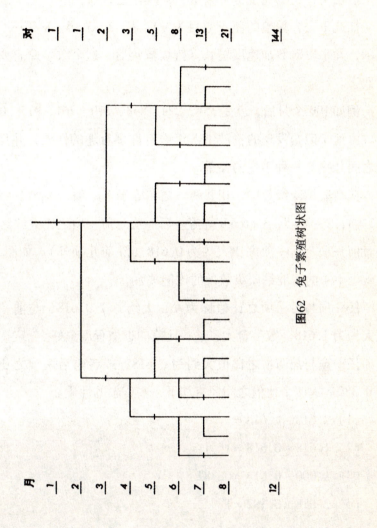

图62　兔子繁殖树状图

　　首先兔子要两个月后才能繁殖，那么第一、二个月都仍只有一对兔子，第三个月繁殖出一对新生兔子，则有两对兔子。一旦开始繁殖则每月生产出一对兔子，因此第四个月就有了三对兔子，到了第五个月，最初生产出的兔子也可繁殖了，则有五对兔子。

　　如此下去，繁殖的兔子数目为：1、1、2、3、5、8……，如图62所示，几乎以对数加速度增长。持续数年后，这个数字简直变成了天文数字。

　　例如100个月后，就是354，224，848，179，261，915，075对兔子。由兔子问题发现的费波纳茨级数有许多有趣的性质，并且级数各项之间几乎有一种不变的关系。

　　在费波纳茨级数中，相邻两项之和等于下一项，例如 1 + 1 = 2，1 + 2 = 3，2 + 3 = 5，3 + 5 = 8 等等。后一项与前一项之比大约为 1.618，或者前一项与后一项之比大约为 0.618（除前几项外）。如图63所示从 1 至 144 的费波纳茨级数项的比例关系。

　　任一项与后一项之比值称为 Φ，大约等于 0.618，与前一项之比值大约为 1.618。数字愈大，这一比值的近似程度愈好。

　　任一项与前两项之比值大约为 2.618，或者与后两项之比值大约为 0.382。这四个比值之间还有如下一些有趣的性质。

　　（1） 2.618 − 1.618 = 1

　　（2） 1.618 − 0.618 = 1

　　（3） 1.000 − 0.618 = 0.382

　　（4） 2.618 × 0.382 = 1

　　（5） 2.618 × 0.618 = 1.618

　　（6） 1.618 × 0.618 = 1

　　（7） 0.618 × 0.618 = 0.382

　　（8） 1.618 × 1.618 = 2.618

除了 1 和 2 以外，将费波纳茨级数的每一项都乘以 4，然后每项再顺序加一个费波纳茨级数的项，则又形成一个费波纳茨级数：

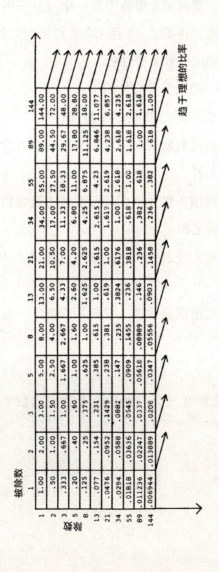

图 63　费波纳茨比率表

$3 \times 4 = 12$；$12 + 1 = 13$

$5 \times 4 = 20$；$20 + 1 = 21$

$8 \times 4 = 32$；$32 + 2 = 34$

$13 \times 4 = 52$；$52 + 3 = 55$

$21 \times 4 = 84$；$84 + 5 = 89$ 等等。

这一特性可能源于费波纳茨级数中任一项与前三项之比为4.236，或任一项与后三项之比为0.236，并且4.236与0.236之差为4。

另外费波纳茨级数还有如下特性：

（1）任意二个相邻的项都没有公因子；

（2）任何十个连续的项之和能被11整除；

（3）对于费波纳茨级数的任何一项，其以前的所有项之和加1始终等于该项的后两项之值。

（4）对任意的费波纳茨级数项，其所有从1至该项之和平方始终等于该项与相邻后一项之积。

（5）费波纳茨级数的任意一项之平方与前两项之平方差仍为费波纳茨级数项。

（6）对任意的费波纳茨级数项，它的平方值等于前一项与后一项之积加1或减1。

还发现 $(\sqrt{5} + 1)/2 = 1.618$，$(\sqrt{5} - 1)/2 = 0.618$，这里 $\sqrt{5} = 2.236$ 是波动理论和黄金渐开（近）线中一个重要的数字，将在下一讲中详细叙述。

现在让我们介绍另一个重要的技术分析工具——**趋势线**，其中又分**上升趋势线**（Up Trendline）和**下降趋势线**（Down Trendline），如图十七之一、之二所示，将一系列的谷底连成直线得到一条上升趋势线；将一系列的峰顶连成直线形成一条下降趋势线。

画趋势线首先必须有明确的趋势。也就是说，对于画一条上升趋势线，必须有至少两个调整谷底且第二个谷底高于第一个谷底。两点画出临时趋势线，第三点确定有效趋势线。

一旦第三点确认趋势线为有效趋势且价格继续沿原趋势运动，那么趋势线就十分有用。首先，一旦趋势确定了某一价格运动的速度（也就是趋势线倾斜程度），通常就会维持这一运动速度。因此，趋势线不仅可以帮助确定回调速度，而且可以预先告之何处趋势将会发生反转。

例如在上升趋势中，不可避免的下调常接触到或接近上升趋势线，上升趋势线作为市场的一个支持价位，可作买入点参考。反之，下降趋势线作为阻力价位，可作卖出参考，如图十八之一、之二所示。

只要没有突破趋势线，都可作买卖点。一旦如图十八之一、之二所示在点9突破了趋势线，发出了转势信号，那么就应斩仓。通常，突破趋势线是发生转势的早期信号之一。

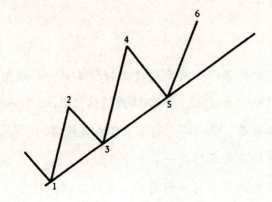

图十七之一 上升趋势线，由上升过程中的谷底价位连接而成。首先连接点1和点3形成临时的趋势线，随后经点5确定该趋势线为有效趋势线。

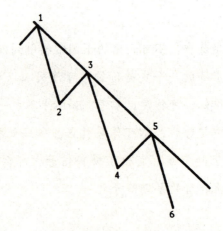

图十七之二 下降趋势线，由下降过程中的峰顶价位连接而成，首先连接点1和点3形成临时趋势线，随后点5确定其为有效趋势线。

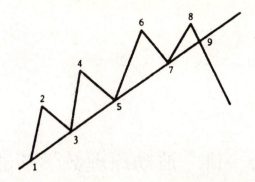

图十八之一 一旦上升趋势线形成，调整回落至该线附近，便是买入区域，例如图中点5和点7都可进一步持仓。但是一旦跌破趋势线，例如点9，发出向下反转信号，则应斩仓。

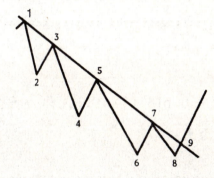

图十八之二 下降趋势线，点5和点7可作为卖出区，向上突破了趋势线(点9)，则发出趋势向上的反转信号。

第二十一讲　波动原理数学基础之二
——黄金比率与黄金矩形

　　　　神秘的数字 0.618（1.618），称为黄金比率，反映了大自然的静态美。

　　1.618（或 0.618）是众所周知的**黄金比率**。黄金分割对人们的视觉有很好的效果，在音乐、艺术、建筑结构和生物学上常涉及黄金比率。

　　0.618034 这个数字涉及许多艺术品结构，例如太阳花、田螺壳、希腊花瓶以及银河系等等。费波纳茨的兔子繁殖问题出现在许多意想不到的地方，这一数字无疑是神秘的大自然的一部分，它使人们感觉良好，视觉良好，甚至悦耳动听。例如，音乐中有 8 个音阶，钢琴上用 8 个白键和 5 个黑键表示，正好 13 个键。第 6 大调（Major Sixth）

能使人听觉感到非常舒适也不是偶然的。E 调的高度与 C 调的高度之比刚好是 0.62500，距离黄金比率仅差 0.006966，第 6 大调的音调比率恰好与内耳听觉神经振动匹配，并且内耳听觉神经部位也恰是黄金渐开线形态。

不断出现的费波纳茨级数和自然中的黄金分割曲线准确地解释了在艺术上 0.618034 这个美妙的数字的作用。

自然中同样也普遍地与黄金比率相关，小至原子结构和 DNA 遗传因子，大至星际轨道和银河系，各种各样的现象，例如晶体分布、星球距离、光的玻璃表面反射、脑与神经系统、音乐、动植物结构等等，无不与神秘的数字 0.618 有着这样或那样的联系。现代科学发现自然中确实存在一种基本的比率关系。

一直线可以进行这样的分割，使得较小一段的长度与较长一段的长度之比等于较长一段与整个长度之比值，例如图 64，这个比率就是0.618。这种分割方式就是所谓的**黄金分割**。

图64　黄金分割

自然界中充满了黄金分割的例子，实际上人体构成就符合黄金分割比率（图 65）。

下面我们要涉及另外一个相关概念，**黄金矩形**。黄金矩形的边长之比为 1.618。下面讲一下具体怎样画一个黄金矩形。首先画一个边长为 2 的正方形，然后再从一边的中点至对角画一条直线，如图 66 所示。

三角形 EDB 是一直角三角形，早在公元前 550 年就已证明，直角三角形的斜边平方等于其他两边的平方和，即，$X^2 = 2^2 + 1^2$，也就是$X^2 = 5$，因此 EB 之长应为 $\sqrt{5}$。接着延长 CD 至 G，使 EG 等于 $\sqrt{5}$，即

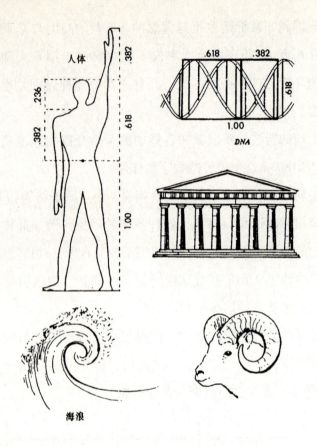

图65 自然界中符合黄金分割比率的若干现象

2.236，如图 67 所示。这样画出的矩形 AFCG 与 BFDG 均为黄金矩形，其边长之比为黄金比率。证明如下：

$$CG = \sqrt{5}+1;\ FG = 2 \qquad\qquad DG = \sqrt{5}-1;\ FG = 2$$

$$\frac{CG}{FG} = \frac{\sqrt{5}+1}{2} \qquad\qquad \frac{DG}{FG} = \frac{\sqrt{5}-1}{2}$$

$$\frac{2.\ 236+1}{2} = \frac{3.\ 236}{2} = 1.\ 618 \qquad \frac{2.\ 236-1}{2} = \frac{1.\ 236}{2} = 0.\ 618$$

黄金矩形这一概念极大地帮助了艺术创作，尤其在古埃及和古希腊以及文艺复兴时期。达芬奇对黄金比率有其独到的见解，甚至认为没有很好的外形就会失去效用，在达芬奇的许多绘画中，表现了形态

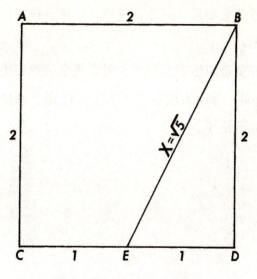

图66 黄金矩形构造过程之一

的适中而非艺术天才，巧妙地运用黄金分割支持了他的绘画作品外观。

艺术家们和建筑师们往往有意识地运用黄金比率，一般人并不特别意识到这一问题。但是，实验表明在众多的各类矩形中人们挑选出

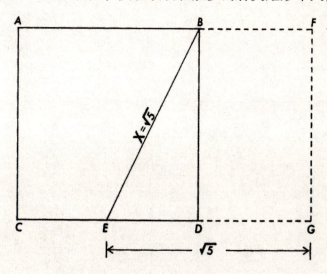

图67 黄金矩形构造过程之二

的矩形往往接近黄金矩形。另外，窗户、画框、建筑物、书等等通常也接近黄金矩形。

黄金分割和黄金矩形表示自然和美学概念的静态美。而黄金渐开线（Golden Spiral）却能表现宇宙万物生长过程中的动态之美，下一讲将就此问题展开论述。

趋势线的有效突破与预测方法

　　作为一个一般规则，收盘价穿透趋势线比其他价位穿透更为重要。仅仅收盘价穿透仍显不足时，就引入了**价格过滤**（Price Filter）和**时间过滤**（Time Filter）这两个方法进而有效地找出真正突破、避免假信号。例如价格过滤常采用的3%穿透为有效穿透。至于多大的价格过滤，要视具体情况而定。如果比例太小，那么不能发挥很好的滤除作用，反之比例太大，则失去了捕捉有效信号的时机。

　　最常用的时间过滤是**两天法则**（Two Day Rule），也就是连续两天收市价穿透趋势线为**有效穿透**。

　　这里谈到的价格过滤和时间过滤不仅可用于处理趋势线突破，而且也可以用于处理重要的支持、阻力价位的突破问题。

　　如同支持价位与阻力价位一样，一旦趋势线被穿透，它的作用就发生了转变，如图十九之一、之二所示。在上升趋势线中，它本来是一个支持价位，被有效穿透后就变成了阻力价位。下降趋势线本来是一阻力价位，被有效穿透后就变成了支持价位。

　　趋势线可用来预测目标价格，它的预测方法与讨论价格型态中所用方法基本相同，也就是趋势线的上、下两个方向价格运动的距离趋于一致。换句话说，对于上升趋势线，如果价格在趋势线上方运动了5元（垂直距离），那么预计一旦突破趋势线，在趋势线下方也将下跌5元。

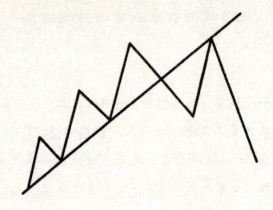

图十九之一 支持线转变为阻力线的图例。当支持线被跌破后,在下一次上升运动中,该支持线就变为阻力线。

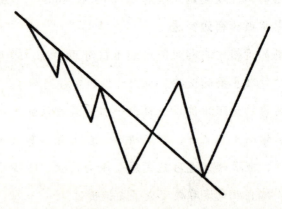

图十九之二 阻力线转变为支持线的图例。一旦阻力线被向上穿透后,在接下去的回落过程中,该阻力价位就成为支持价位。

第二十二讲　波动原理数学基础之三
——黄金渐开线与 Φ

黄金渐开线反映了万物生长过程中的动态美。

首先谈谈怎样利用黄金矩形作出**黄金渐开线**。任何一个黄金矩形都可分割成为一个正方形和一个小的黄金矩形，这种分割在原理上可以无限制地进行下去，如图 68 所示，这些正方形分别为 A、B、C、D、E、F、G，形成漩涡状。

图 68 中虚线长度之比成黄金比率，对分矩形，并且穿过漩涡状小正方形的理论中心值，可如图 69 所示连接每个矩形的内分割点，形成黄金渐开线。

黄金渐开线展开过程中的任何一点，曲线弧长与直径之比都等于 1.618，直径与较长的曲线直径之比为 1.618，同样较长的曲线半径与

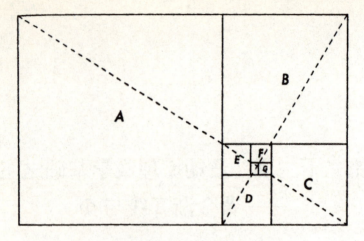

图68　黄金矩形的无限可分割性、可扩展性

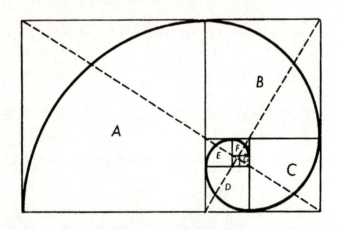

图69　黄金渐开线

较短的曲线半径之比亦为 1.618，如图 70 所示。

　　黄金渐开线是一种对数曲线，没有边界，呈某一不变形状，向内延伸不会完全与中心重合，向外延伸不会遇到限制。在自然界中，彗星的尾部就是以黄金渐开线为轨道离开太阳。另外，松球、海马、海螺壳、海浪以及向日葵的种子槽等等都呈黄金渐开线，银河星云分布也呈黄金渐开线。如图 65 所示，宇宙间万物有数不清的存在，都反映了黄金渐开线这个形态，都与黄金比率 1.618 有着不可分割的关系。因此，黄金渐开线呈现在我们眼前的是自然的杰作和典型的代表型态，

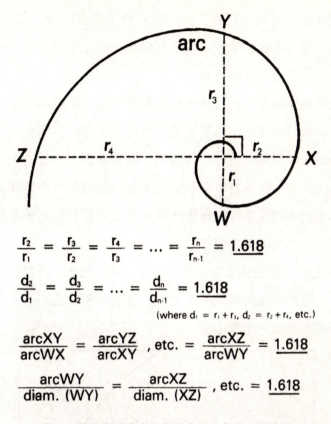

$$\frac{r_2}{r_1} = \frac{r_3}{r_2} = \frac{r_4}{r_3} = \dots = \frac{r_n}{r_{n-1}} = \underline{1.618}$$

$$\frac{d_2}{d_1} = \frac{d_3}{d_2} = \dots = \frac{d_n}{d_{n-1}} = \underline{1.618}$$

(where $d_1 = r_1 + r_3$, $d_2 = r_2 + r_4$, etc.)

$$\frac{arcXY}{arcWX} = \frac{arcYZ}{arcXY} , etc. = \frac{arcXZ}{arcWY} = \underline{1.618}$$

$$\frac{arcWY}{diam. (WY)} = \frac{arcXZ}{diam. (XZ)} , etc. = \underline{1.618}$$

图70 黄金渐开线中的各种直径和半径比例关系

生活在无限的扩展与无休止的矛盾之中延续，静态的规律控制着动态的发展，发展过程中始终遵守着 1.618 的比例关系，这就是黄金分割法（Golden Mean）。

黄金比率 Φ 这一普遍出现的数字很早就为杰出的学者们充分地认识并且使用。众所周知，最早的恐怕要推埃及金字塔，它的构成反映了 5000 年前设计者对 Φ 的认知程度。

1.618 这个神秘的数字自古就揭示了自然中蕴涵的力量和法则，那么它是否也在人类世界中起着作用呢？如果大自然、人体和大脑的各种运动型态均与 Φ 这个比率相关，那么人类活动是否有同样规律呢？如果说人类的生产、再生产是一个无尽的过程，那么它是否也遵从黄金渐开线的运动方式呢？如果抛开股市表面的杂乱无章之运动，观其本质，那么不难察觉股市并不是随新闻而无规则发展，它完整地结构性地记录了参与者的行为。

波动原理解释了人们这种结构性的运动型态以及运动过程的原因和方式。自然是有序的，如果也承认生活是有序的，那么为何要抛弃人类行为过程的有序性呢？广而言之，股市作为人们投资的市场，当然也有其规律。所有的技术分析方法都是以股市的有序性作为基础而成立、衍生出来。艾略特之理论体系认为无论是长期的还是短期的市场，都有一个不变的基本规律。

艾略特提出波动原理是宇宙的秘密，确实如此，但仅仅是宇宙秘密之一，一个很重要的而人们又如此关心的秘密。适用于宇宙万物的数学原理是否也适用于股市呢？

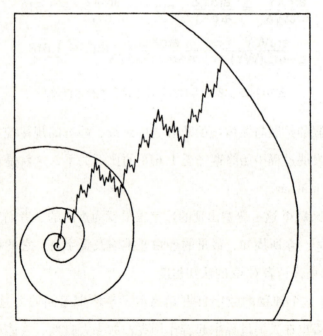

图71　艾略特波动型态与黄金渐开线

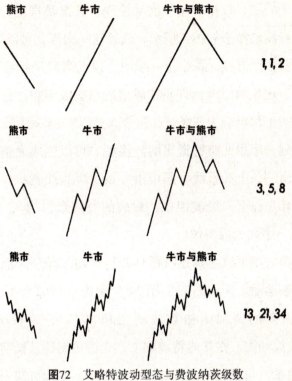

图72　艾略特波动型态与费波纳茨级数

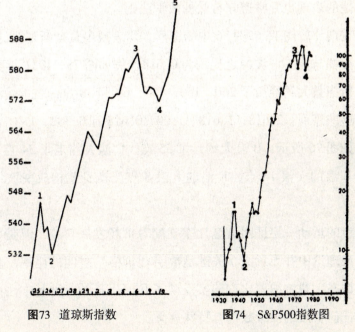

图73　道琼斯指数　　　　　图74　S&P500指数图

对于这个问题，依据艾略特波动原理，答案是肯定的。股市中最理想的艾略特波动型态如图 4 所示，依照这一图形，可以如图 71 所示作出近似的黄金渐开线，每个上一级波之顶点都与黄金渐开线相切。

产生以上现象的原因也许是在股市的每级波浪中，牛市都可细分为五条腿，熊市都可分为三条腿，这个 5—3 的关系就是艾略特波动原理的数学基础，运用艾略特提出的波浪型态可以生成完整的费波纳茨级数。牛市由一条上升直线、熊市由一条下降直线表示，二者形成一个完整的循环。在下一级波浪中，对应的直线数目为 3、5、8，如图 72 所示，这一序列无限持续。

从分时图的小型波浪到超级循环和特大超级循环波浪，股市以相同的基本型态运动。例如图 73、图 74 分别表示 1962 年 6 月 25 日至 7 月 10 日十天间的道琼斯指数波动图和 1932 年至 1978 年之间的 S&P500 指数波动图。在艾略特规则下，无论短期还是长期的波动都反映了 5—3 关系，与费波纳茨级数性质相吻合。由此可知人们的感情这类社会性的表现也常常遵守自然的数学法则。

现在请比较图 75 和图 76 中的图形，均表现出黄金渐开线的型态。每一波波幅与前一波波幅之比均为 0.618。例如图 75，1931 年至 1942 年道琼斯指数大约经历了 260、160、100、60 和 38 点，表示费波纳兹比率的递减序列：2.618、1.618、1.00、0.618 和 0.382。

又如图 76 所示，B 浪大约走了 55 点，C 浪大约走了 34 点，D 浪 21 点，E 浪的 a 浪 13 点，E 浪的 b 浪 8 点，本身就构成费波纳茨级数。

股市的运动一再证明黄金比率支配着市场发展轨迹，但是数字本身在波浪理论中并无意义，关键是数字（价格）之间的比率反映了市场运动型态。费波纳茨比率确实反映了几何生长的一种基本法则，但并不是任何费波纳茨级数都有特殊意义。

图75　费波纳茨比率Φ实例一

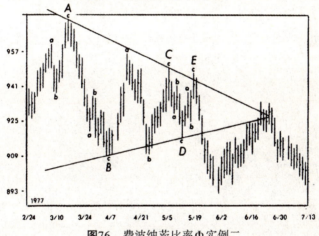

图76　费波纳茨比率Φ实例二

　　广义上，艾略特波动原理反映了银河星系、人类情感等等的运动
轨迹的特性。然而，在市场上艾略特波动原理表现得更加清晰，因为
股市是人们心理活动的一种最好反映场所，准确地记录了人类社会心
理状态的倾向，以及反映了人们不断变化的价值取向。因此可以得出
这样的结论，有一种适用于任何地点和时间的原理，描述社会活动的
型态。股市也不例外，它反映大众的行为，自然与这一原理有着联系。
最简单地表述这一原理的数学方式就是：1.618 比率。

　　宇宙按照它的方式演绎、发展，生活是有序的，那么股市呢？显然也是有序的。因此，在承认这种有序性的前提下，衍生出股市的技术分析方法，艾略特提出的波浪原理，甚至于作为技术分析的基石之道氏理论，无一不是在认同有序性这一基本点的原则下展开。以下数讲将以黄金比率为中心、展开艾略特波动原理的另外两大议题：波幅预测与时间预测。

趋势线与扇形原理

　　这里我们讨论趋势线的又一有趣使用——**扇形原理**。在上升趋势线 1 被穿透时，下调一段距离后反弹至原趋势的附近，如图二十之一所示，但不会穿透线 1（此时已为上升阻力线）。这时再画趋势线 2，随后也被突破。在又一个失败的上试之后，画出第三条趋势线 3。打破第三条上升趋势线一般表明价格下行。

　　在图二十之二中，打破第三条下降趋势线表明新的上升信号。在以上论述中，支持线变成了阻力线，阻力线反而变成了支持线。打破第三条趋势线是趋势反转信号。

　　趋势线的角度也很重要。通常最重要的上升趋势线的角度接近 45 度，甘氏（W. D. Gann）是最欣赏 45 度趋势线的专家。45 度线反映上升与下降趋势中价格与时间变化的平衡状态。

　　如图二十一所示，如果趋势线 1 太陡，那么表示价格上升太快，以至于上升状态不易保持太久，一个回调便接近 45 度趋势线 2。如果趋势线 3 太平坦，上升幅度和速度又太慢，使人怀疑它的可信程度。

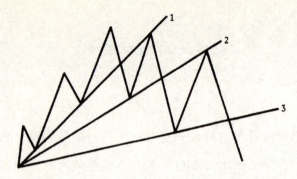

图二十之一 顶部扇形原理图示。跌破第三条趋势线发出趋势向下反转信号,注意已被跌破的趋势线1和2常常构成阻力价位。

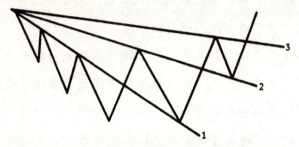

图二十之二 底部扇形原理图示。向上穿破第三条趋势线时发出趋势向下反转的信号,已被穿破前两条趋势线1和2常常成为支持价位。

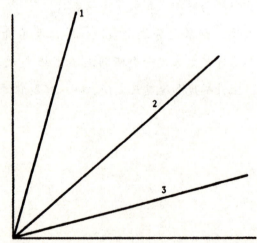

图二十一 大多数有效趋势线的倾斜角度接近45度(例如趋势线2)。如果趋势线太陡(例如趋势线1),那么通常表示上升速度难以持续,如果趋势线太缓(例如趋势线3),那么上升趋势太弱,其可信度不大。因此许多技术分析人员使用45度趋势线。

第二十三讲　波浪幅度预测
——涨也赚、跌也赚的奥秘

> 　　各个波的幅度之间存在费波纳茨比率关系，例如2.618、1.618、1.00、0.618、0.328 等等，从而可以进行波幅预测。

　　波与波之间在持续时间及幅度上均存在一定的比例关系，利用这种比例关系，有助于我们预测股市发展，当然，这并不是绝对的。股市循环的五个上升波和三个下降波的运动中，调整波向下调整时间及幅度都大约是前面推进波上升持续时间及上升幅度的五分之三。通过进一步的观察，发现市场具有这样一种倾向，调整波持续时间与相应推进波持续时间之比以及调整波幅度与推进波幅度之比分别遵从黄金比率，为更准确地观察波浪提供了又一个依据。

以下是**幅度比率**（Amplitude Ratio）和**时间比率**（Time Ratio）的计算公式：

$$\frac{调整的点数}{上升的点数} = 幅度比率$$

$$\frac{调整持续时间}{上升持续时间} = 时间比率$$

关于股市时间比率和幅度比率的分析常常导致令人吃惊的发现，一些艾略特波动原理的实践者更是不可忘怀这些发现。许多年的图表表明，任何一波都与相邻的波、间隔的波或者它的子波（次级波）有一定比率关系，这一比率关系就是费波纳茨级数项之间的 Φ。以下我们将观察几个例子说明这一点。

引自道氏理论学者罗伯特·李（Robert Rhea）所著《平均股价》（The Story of the Averages）的例子，1896 年至 1932 年 36 年间道琼斯工业股平均指数走出了道氏理论定义的 9 个牛市和 9 个熊市，9 个牛市和 9 个熊市总共持续了 13115 天，而 9 个牛市持续了 8143 天，那么 9 个熊市就持续了 4972 天。4972 与 8143 之比为 0.611。牛市以 29.64 点开始，76.04 结束，其幅度为 46.40。这个上升过程又由四个基本波动完成，它们的上升幅度分别为：14.44、17.33、18.97、24.48，那么总计为 75.22。75.22 与 46.40 之比为 1.621。假如将净增长量 46.40 作为 100，那么每次在最低点买入和最高点卖出的增长量之和就是 162.1。这也表明在整个上升过程的调整幅度为上升幅度的 62.1%。

这个例子的分析还向我们揭示了另一个问题，即如何获取 1.618 倍的利润，也就是说假设整个上升过程利润为 1，怎样获取 1.618 倍的收益呢？假设有两个股民同时投资某股票，一人在最低点买入，一直等到该上升浪结束、也就是最高点卖出，设其收益为 100%。而另一人在每个上升阶段的低点买入，高点卖出，待调整至低点时又买入，如此持续至最后上升市场结束，那么他的理想收益与前一人相比应为162%。后者巧妙地利用了调整，即所谓涨也赚、跌也赚之术。

尽管比率分析在市场预测上有如此引人注目之处，但是总的说来，其重要性仍然不及波浪型态分析。至少，比率分析的前提是运用艾略特数浪法则之要领正确计数波浪，确定从何处开始波幅预测、然后进行比率分析。

比率分析的方法如果能够被完全确认，那么艾略特波动原理就成了一门精确的科学，但显然是不可能的。爱因斯坦曾说过：只要某数学规则能运用来解释某类现实，那么这一数学概念就存在不确定性（Uncertainty）；反过来如果某数学概念具有确定性（Certainty），那么就无法解释现实。但是，这并不意味无法运用具有不确定性的数学工具进行市场分析。

目前，关于比率分析知之不多，只是不断地比较各个波浪，常常发现费波纳茨比率可以运用到股市中，并且有时按照这种比率关系计算得到的结果相当精确而已。尽管如此，需要强调的是波浪理论的核心是波浪的型态，比率分析是型态分析的支持工具之一。

比率分析的许多基本思想和观察实例由波顿提出，其主导思想是：尽量保持比率分析的简洁扼要。确实也是如此，市场中表现出来的重要比率关系往往都很简单。分析人员更重要的工作却是找出过去、将来的哪些波之间存在这种比率关系。关于比率分析问题的研究尚处于未成熟阶段，相信会有一些感兴趣的读者和分析人员或多或少都会对这一问题有自己的见解和贡献。

关于第十五讲所述波的等量关系，以下四种情况常见于市场中。

（1）第五波的长度与第一波开始到第三波结束的幅度之比约为费波纳茨比率：2.618、1.618、1.00、0.618、0.328等等。

（2）C 波与 A 波的幅度之比常为 1.618，尤其在延伸型的平坦调整波中更为如此，有时，C 波终点超出 A 波终点大约是 A 波波幅的 0.618 倍。

（3）同构三角形至少有两个波的波幅之比为 0.618。

（4）调整波波幅常常是前一个推进波波幅的 0.618 倍，也就是调整波常常将推进波推进的距离回调 61.8%。

调整幅度与速度线

在任何上升或下降趋势中，沿主趋势运动一段距离之后，就要沿相反方向回调，然后才能又回到主趋势的运动轨道。那么这个反方向回调一般要调整多少呢？通常是 50% 左右的回调。此外就是三分之一回调和三分之二回调。如果试图在市场中寻找买点，则最好在回调的 33%～50% 这一区域中寻找机会（见图二十二）。

最大的调整幅度是 66%，这就是一个很关键的区域了。如果原趋势不变，则调整至 66% 左右肯定要停止下来。如果价格一旦调整超过三分之二，那么就很可能发生趋势反转，百分之百回调。

50%、33%、66% 这三个比例来自于道氏理论，在艾略特波动原理中使用了 38% 和 62% 两个比率。

谈到回调幅度这一问题，让我们再介绍一种结合趋势线与回调比率的工具——速度线（Speedlines），将趋势分为三份。它与回调比率不同之处在于速度线可以测出上升或下降趋势的速度。

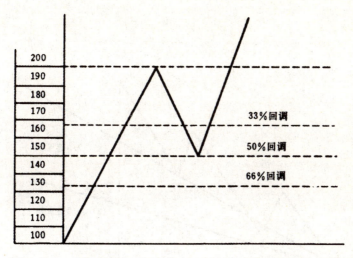

图二十二 价格通常先回调二分之一左右,然后沿原趋势运动。本图例反映了50％回调。

　　首先在目前的趋势中找到最高点（见图二十三之一），然后从这个最高点垂直引出直线达到目前趋势的起点价位，将这一垂直的直线一分为三，分别连接趋势起点与这一直线的三分之一位置与三分之二位置，形成两条直线即为三分之一速度线和三分之二速度线，即为牛市速度线。同样可画熊市速度线（见图二十三之二）。

　　如果上升趋势正处于回调过程中，那么下调通常在2/3速度线处停止，如果尚未停止，价位就有可能调整到1/3速度线附近，一旦突破1/3速度线，将可能发生百分之百回调。下降市场可同样分析。

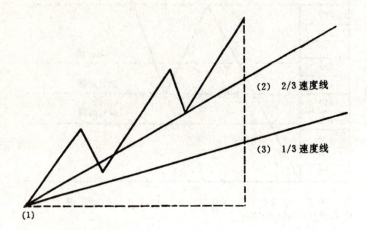

图二十三之一　　上升趋势中的速度阻力线图示。将趋势开始处至峰顶位置之垂直距离分为三等份，然后连接点1和点2、点1和点3分别形成两条趋势线，前者为2／3速度线，后者为1／3速度线。在市场调整过程中，速度线起支持线的作用。一旦被跌破，就转变为阻力价位。

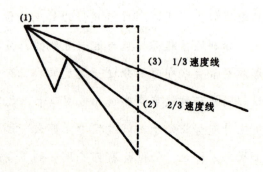

图二十三之二　　下降趋势中的速度线

第二十四讲　波浪宽度（时间）预测—— 捕捉市场转折点的奥秘

> 大量的观察表明，每个波持续的时间常常与费波纳茨级数项相关。

在某一固定的期间内，依照艾略特波动原理并不能预测时间因素，因此也就无法利用时间因素来预测市场发展。但是，与费波纳茨级数相关联的时间关系又常常出乎意料地精确地反映了波的宽度（Span）。在波动分析中，时间周期表明可能发生转折的时间，尤其将目标价格和数浪相结合能获得更好的结果。

艾略特在《自然法则》中列出了下列表明美国股市重大转折点间的时间间隔，均为费波纳茨级数项。

1921 年至 1929 年	8 年
1921 年 7 月至 1928 年 11 月	89 月
1929 年 9 月至 1932 年 7 月	34 月
1932 年 7 月至 1933 年 7 月	13 月
1933 年 7 月至 1934 年 7 月	13 月
1934 年 7 月至 1937 年 3 月	34 月
1932 年 7 月至 1937 年 3 月	55 月
1937 年 3 月至 1938 年 3 月	13 月
1937 年 3 月至 1942 年 4 月	5 年
1929 年至 1942 年	13 年

另外，理查德·拉赛尔（Richard Russell）在 1973 年 11 月 21 日的《道氏理论通讯》（Dow Theory Letters）中也列出了一个有关费波纳茨时间间隔的有趣例子，同样印证了上述论点。

1907 年大谷底到 1962 年大谷底	55 年
1949 年大底到 1962 年大谷底	13 年
1921 年萧条底部到 1942 年萧条底部	21 年
1960 年 1 月顶部到 1962 年 10 月底部	34 月

沃尔特·怀特（Walter E. White）1968 年在有关艾略特波动原理的论著中曾得出结论：下一个重要的底部将出现在 1970 年。作为佐证，他提出了下列数项费波纳茨数项：1949 + 21 = 1970；1957 + 13 = 1970；1962 + 8 = 1970；1965 + 5 = 1970。果然，在 1970 年 5 月美国股市场出现了三十年间最险恶的低位。

从 1928 年（公众认可的峰值位置）和 1929 年（形式上的峰值位置）超级循环波浪的峰值位置开始，同样也能衍生出一系列令人吃惊的费波纳茨级数项。

1929 + 3 = 1932 年　　熊市谷底
1929 + 5 = 1934 年　　调整谷底
1929 + 8 = 1937 年　　牛市顶部
1929 + 13 = 1942 年　　熊市谷底
1928 + 21 = 1949 年　　熊市谷底
1928 + 34 = 1962 年　　大崩溃底部
1928 + 55 = 1983 年　　超级循环顶部

同样也可以从 1965 年（公众认可的峰值位置）和 1966 年（形式上的峰值位置）最近超级的第三子波（循环级）峰值位置推算出如下序列：

1965 + 1 = 1966 年　　形式上的峰值位置
1965 + 2 = 1967 年　　回调
1965 + 3 = 1968 年　　次级峰顶
1965 + 5 = 1970 年　　大崩溃
1966 + 8 = 1974 年　　熊市谷底
1966 + 13 = 1979 年　　9.2 年和 4.5 年循环的底部
1966 + 21 = 1987 年　　超级循环底部

以上我们看到了最近几十年中有关道琼斯工业指数 DJI－A 的一些有趣的预测，均使用了费波纳茨级数。在运用费波纳茨级数进行时间预测时，波顿曾说过：经过一个时间间隔，可能从峰顶走向谷底，也可能从峰顶到峰顶、谷底到谷底或谷底到峰顶。

小知识　　　　　　　反　转　日　　　　　股市标识

反转日常发生在市场顶部或市场底部。**顶部反转日**（Top Reversal Day）在上升趋势上创下新高，然后又在当日收市时低收。**底部反转日**（Bottom Reversal Day）则创出新低，收市高于前一日收市价位。

反转日的价格运动幅度愈大、且成交量愈大，则这一信号愈可能就是一个短期的趋势转折信号，如图二十四之一、二所示。

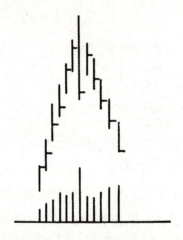

图二十四之一　顶部反转日图示。反转日发生的成交量愈大，反转日也就愈重要。

底部反转日也叫做**卖出峰**（Selling Climax）。通常这一底部剧烈变化使持仓者丧失信心，纷纷退出，造成巨大成交。接着出现卖压真空状，价格迅速反弹。

反转日很多，每个反转日都有可能成为**关键反转日**（Key Reversal Day），但是真正成为关键反转日的反转日却非常少，大多反转日只不过使原趋势稍作停顿便又沿原趋势续继运动。

　　此外还有二日反转、周反转和月反转。

　　在各种反转中，出现在周线和月线图中的反转更为重要。所谓周上升反转（Upside Weekly Reversal）就存在一周内创下新低，但是星期五的收市价高于前一周星期五的收市价。

图二十四之二　底部反转日图示。如果反转日的成交量特别大，那么底部反转也通常称之为卖出峰。

第二十五讲 一个完整
艾略特波浪实例分析

> 历史发展进程时涨时落，某种程度上亦按艾略特波动型态展开。

从欧洲黑暗时代至今 1000 年级波浪

自欧洲历史上的黑暗时代（The Dark Ages，自 6 世纪至 12 世纪，亦指自罗马帝国衰亡，即西元 395 年，至 10 世纪末）到现在的 1000 年级波浪由 5 波构成。

5 波（特大超级循环级波浪）：

第一波：从黑暗时代到商业革命（Commercial Revolution 950 年—1350 年）。

第二波：1350 年—1520 年调整商业革命时期的价格。

第三波：1520 年—1650 年，包括了资本主义革命（Capitalist Revolution）和伊丽莎白时代。

第四波：1650 年—1760 年。

第五波：1760 年始或者 1789 年，这一年股市正式开始，1750 年—1850 年工业革命（Industrial Revolution），美国独立。

特大超级循环级 V（1789 年—）

在上节所述五个特大超级循环级的波浪中，本讲将着重讨论从 1789 年到 1980 年的第五波，它可分成五个超级循环级的波浪（Ⅰ）、（Ⅱ）、（Ⅲ）、（Ⅳ）、（Ⅴ）。其中波（Ⅰ）、（Ⅲ）、（Ⅴ）为反映主趋势的推进波，而（Ⅱ）、（Ⅳ）为反方向调整波。延长的（Ⅲ）波中经历了美国历史上最最戏剧性的时期（见图 77）。

（Ⅰ）波明显是由五波组成；（Ⅱ）波是一个平坦型调整波；根据波浪的交替原则，预示了（Ⅳ）是之字型或三角型调整波；（Ⅲ）波可分割成五个子波；其中第四个循环级的调整波型态是延伸的三角形。（Ⅳ）波从 1929 年到 1932 年，并未调整到次级波浪的第四波之下就结束了。

对（Ⅳ）波的更进一步观察见图 78，很明显是一个之字型态调整波。在下调的 A 浪中经历了华尔街 1929 年 10 月 29 日的大暴跌。随后 B 浪又几乎向上调整了 A 浪下跌的一半幅度，也就是 1930 年最有名的上升大调整。随后 C 浪又跌落了 253 点至 41.22，在三年中跌幅接近

89%（又是一个费波纳茨级数项!）。

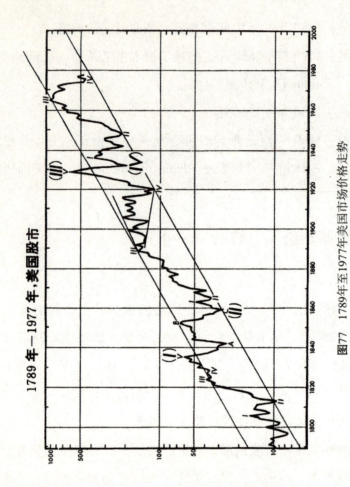

图77　1789年至1977年美国市场价格走势

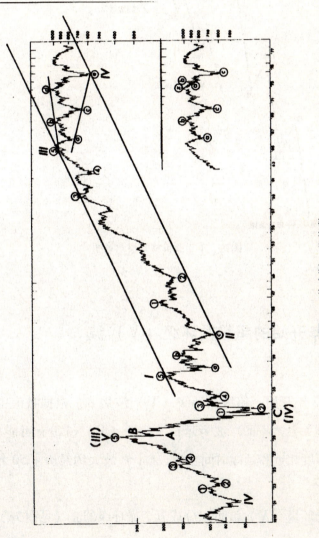

图78　道琼斯工业指数

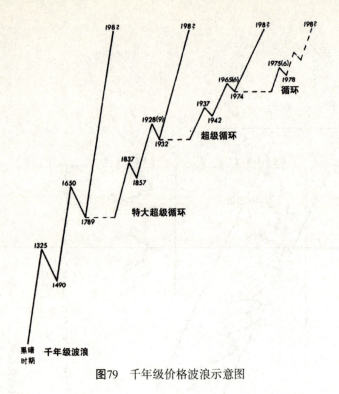

图79　千年级价格波浪示意图

从 1932 年开始的超级循环级 （Ⅴ） 波

从 1932 年开始，超级循环级 （Ⅴ） 波展开。根据数浪中的幅度和时间比例关系，（Ⅲ） 波为延长波，则 （Ⅴ） 波很有可能与 （Ⅰ） 波相近，幅度相近和延续时间相当。（Ⅰ） 波大约经历了 50 年，那么 （Ⅴ） 波呢？

超级循环级 （Ⅴ） 波可以分成五个循环级的波 （见图 78）：

Ⅰ波 （1932 年 ~ 1937 年）：这个波可清晰地分为五个波浪序列。

Ⅱ波 （1937 年 ~ 1942 年）：其次级波ⓐ是五波构成，ⓒ波亦然，全体为之字型调整波，调整力量相当强。

Ⅲ波（1942 年～1965（6）年）：这个波也许是股市上最大的一个循环级波浪，持续时间达 24 年，道琼斯指数增长近 1000%。

Ⅳ波（1965（6）年～1974 年）：其调整型态可有以下两种解释。

其一、由ⓐ、ⓑ、ⓒ、ⓓ、ⓔ五波构成的延伸型三角形；

其二、由ⓐ、ⓑ、ⓒ、Ⓧ、ⓐ、ⓑ、ⓒ、构成的双 3 型。

Ⅴ波（1974 年～1980 年）：该波之后继续展开。

价格跳空简单地说就是在某个价格区域内没有交易。例如在上升趋势中，收市价与最低价高于前一日最高价，就留下了一段缺口。在下降趋势中，某一日的最高价低于前一日的最低价，也会留下缺口。上升空跳表示市场力量强，下降空跳表示市场力量弱。

有四种类型的跳空——普通跳空、突破跳空、连续跳空、最后跳空。

普通跳空——普通跳空的预测作用最小，通常发生在非常冷淡的市场中，或者处于水平交易区中间，明显表明缺乏市场利益，很少成交之故，引起空跳，许多分析者忽略这一类型。

突破跳空——这一跳空常发生在重要的型态完成之后，表示重要的市场运动开始。当市场完成了一个重要的型态，例如反转头肩底，在突破颈线时常发生突破跳空，很大的跳空运动常常起自于顶部或底部区域，当重要的趋势线被突破时也常常发生跳空。

突破跳空常伴随着巨大成交量，常常突破跳空的缺口不会被填满。一般说来，出现跳空时成交量愈大，缺口被填满的可能性愈小。如果缺口被完全填满，则表示很有可能是假的突破跳空。上升跳空价位通常作为反弹的阻力位（见图二十五）。

连续跳空——当价格已经沿某一趋势运动了一段时间，处于趋势发展的中间阶段，常出现第二类跳空，即连续跳空，表示市场运动处于较通畅状态，成交量也比较适中。在上升趋势中，连续跳空表示市场强势，在下降趋势中，连续跳空表示市场弱势。一般而言连续跳空发生在上升或下跌的途中二分之一位置附近，因而从缺口位置测出已上升（或下降）的高度，就可推算出将要上涨或下跌的高度。

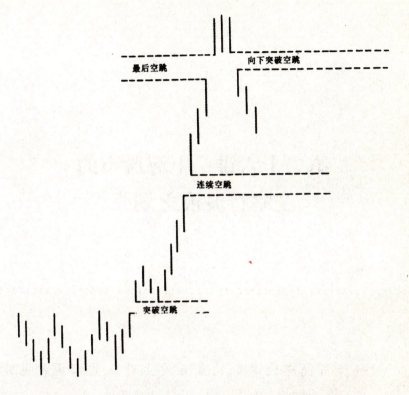

图二十五 三类空跳缺口图示。突破空跳表示底部型态已经形成, 连续空跳出现在趋势运动的中间位置; 向上最后空跳往往随后很快发生向下的突破空跳, 从而形成岛型反转顶部。

最后跳空——这类跳空一般出现在市场运动的结束位置附近。当所有的预测目标已实现，并且另两类跳空也相续出现，那么市场分析者可能就预计将出现最后跳空。接着在数日或数周内价格很快回调下降。当收市价填满了这一缺口时，通常形势已很绝望。

第二十六讲　上海股市的
艾略特波浪之划分

趣势与循环的叠加构成五波上升三波回调的基本形态。

上证指数20年来波浪形态的基本划分。

上证指数近期的波浪划分方案探讨。

趣势与循环的叠加构成五波上升三波回调的基本形态

股票市场价格指数反映经济发展的长期趣势，同时也反映股票市场的周期性价格循环。例如，1990年中国GDP为18 668亿人民币，经过近20年的发展，到2008年，GDP增长达到302 853亿人民币，连续的年增长率为14. 67%（LN（302 853/18 668）/19 = 14. 67%）。再观察上证综合指数，从1990年12月的127. 61点开始，如果按照GDP的年增长率14. 67%（连续的指数增长）向前推测，则2008年12月的指数位置应为2072点左右（127. 61EXP（19年×14. 67%）＝2072）。这个数据与市场中实际观察到的2008年12月份达到的位置2100点基本吻合。当然，这并不能够说明，用GDP的增长率对股价指数进行规划就是一个切实可行的预测方法，它只是一个参考价位，印证了长期市场的理性。亦即，如果我们长期持有股指，或者市场一揽子证券，达19年之久，那么财富增长速度基本上能够跟上整体经济的发展步调。平均来说，并不会得到更多，也不会损失更多。

但是，我们知道，股票市场价格指数呈现总体向上的循环波动的展开形态。具体来说，不妨把上证综合指数看成这样的一种运动方式，首先是沿着斜率大约为14. 67%的直线向上漂移，反映整体经济的综合状况，体现市场中长期的理性回归值，相当于市场的期望收益。再就是周期性的循环波动，反映市场阶段性地偏离预期的非理性行为的结果，应该说市场的风险以及超出市场平均的真正收益都是由这种波动而来。周期性的循环波动近似地可以认为是均值为零的随机过程，与向上倾斜的漂移直线相叠加，就形成了以上升趋势为主、辅以向下回调的五波上升三波下降的波浪基本形态。认识到这一点，对于我们制定总体投资策略、具体操作都是有益的。

上证指数20年来波浪形态的基本划分

这里只打算提出一种看法供大家参考。图80中标注了基本划分方式，向上倾斜的直线与 14．67% 的漂移趋势基本吻合。由此可看出，周期性波动的下跌过程在市场理性的价格区间得到有力的支持，例如，2005 年 6 月的底部，预测为 1152 点（127．61EXP（15 年 × 14．67%）＝1152），实际观察值为 1080．93 点。2008 年 10 月的底部，预测为 1789 点（127．61EXP（18 年 × 14．67%）＝1789），实际观察值为 1728．78 点。波动的上升过程往往有较大的获利空间。出现这样情况的原因可能部分在于市场没有做空机制所致。下表的分析主要源于这样的思考，第一大浪和第二大浪，拉开了中国股票市场从无到有的序幕。第三大浪和第四大浪是市场逐渐成熟的过程，其中经历了国家政策的反复调控、1997 年亚洲金融风暴、世纪交替之时的市场非理性繁荣，以及我国国企的股份制改革，等等。正在展开的第五大浪则是在全球化浪潮下开始的，中国作为新兴的经济大国，在全球经济中扮演着越来越重要的角色，必将在很大程度上受到国际金融环境的影响。有机遇，当然风险也更大。

　　很显然，按照下表的分析，2007 年 10 月创下的 6124 点历史高位仅仅是正在展开的第五大浪的一个阶段性顶部而已，它持续多久、上升到什么高度，有其偶然性，但是，沿着上述的 14．67% 的趋势线描述的基本轨道运行，这一点应该没有太大的疑问。

日　　期	开市价	收市价	最高价	最低价	
1990 年 12 月	96．05	127．61	127．61	103．73	第一大浪底
1993 年 2 月	1242．35	1339．88	1558．95	1196．47	第一大浪顶
1994 年 7 月	469．27	316．228	469．43	325．89	第二大浪底
2001 年 6 月	2216．56	2218．03	2245．44	2157．12	第三大浪顶
2005 年 6 月	1059．61	1080．93	1146．41	1000．52	第四大浪底

2007 年 10 月	5683.31	5954.76	6124.04	5462.01	第五大浪过程
2008 年 10 月	2267.39	1728.78	2267.39	1664.92	第五大浪过程
2009 年 5 月	2380.97	2632.93	2688.11	2331.87	第五大浪过程

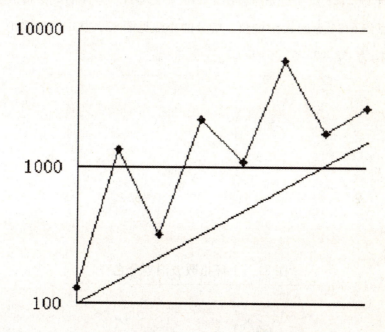

图 80 关键价位示意图（对数刻度）

三、上证指数近期的波浪划分方案探讨

2007 年 10 月，上证指数创下历史最高点 6124 点，6124 点以来的艾略特波浪划分如图 81 所示。图 81 为上证指数日线图。具体的波浪构成是：第一波（2007 年 10 月到 2007 年 11 月）从 6124 点到 4778 点，下跌 1345 点，走完这波用了 32 个交易日；第二波（2007 年 11 月到 2008 年 1 月）从到 4778 点到 5522 点，反弹 744 点，走完这波用了 32 个交易日；第三波（2008 年 1 月到 2008 年 4 月）从 5522 点到 2990

点，下跌2531点，走完这波用了66个交易日；第四波（2008年4月到2008年5月）从2990点到3786点，反弹795点，走完这波用了9个交易日；第五波（2008年5月到2008年10月）从3786点到1664点，下跌2121点，走完这波用了119个交易日。这样的五浪构成了对998点到6124点的A浪调整。细分的小浪见图82，从中可以看出，五浪结构为"5-3-5-3-5"。

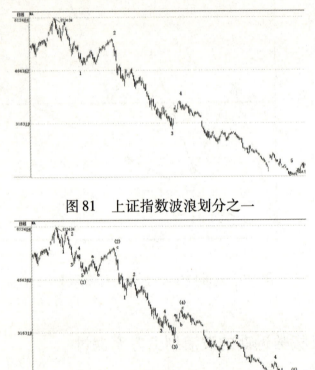

图81　上证指数波浪划分之一

图82　上证指数波浪划分之二

这样的五浪划分，在第五浪的小浪上都出现了延伸，第五浪是三波推进浪中最长的。但是第二浪和第四浪结构比较简单，而且不足在于第四浪超过了第三浪④小浪的位置。在同样五浪划分的方法下，另外一种不同的划分方法见图83。两种划分的区别主要在于第四浪的确定。第二种划分，第四浪为 2008 年 4 月到 2008 年 6 月，从 2990 点到 3483 点，反弹 498 点。从图 83 可以看到，第四浪是一个双三形态。

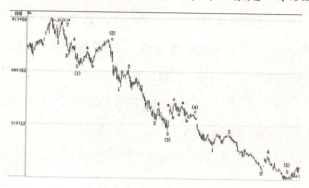

图 83　上证指数波浪划分之三

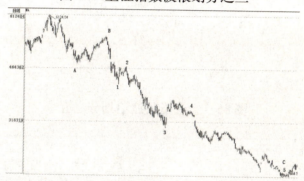

图 84　上证指数波浪划分之四

还有一种划分是把 6124 到 1664 点的下跌看作对 998 点到 6124 点的完整 ABC 三浪调整。见图 84。A 浪（2007 年 10 月到 2007 年 11 月）从 6124 点到 4778 点，下跌 1345 点；B 浪（2007 年 11 月到 2008 年 1 月）从到 4778 点到 5522 点，反弹 744 点；C 浪（2008 年 1 月到 2008 年 10 月）从 5522 点到 1664 点，下跌 3858 点。从图 84 可以看出，C 浪与 A 浪相比，远远超过 A 浪的幅度，有复杂的 "5 - 3 - 5 - 3 - 5" 结构。

从1664点开始，可以看作针对6124点到1664点的B浪调整，也有看作一轮新的五浪上升。见图85。第一波（2008年10月到2008年12月）从1664点到2100点，上升436点；第二波（2008年12月到2008年12月底）从2100点到1814点，下跌286点；目前指数运行在第三波中。第三波（1）小波（2008年底到2009年2月）从1814点到2402点，（2）小波（2009年2月到2009年3月）从2402点到2037点，（3）小波仍在运行中。

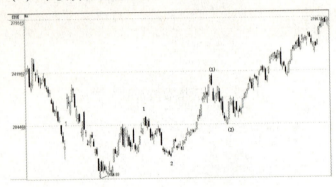

图85　上证指数波浪划分之五

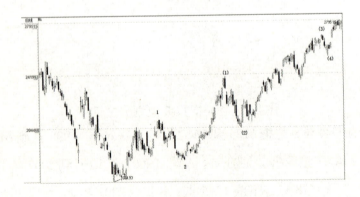

图86　上证指数波浪划分之六

另外一种划分见图86，两者的分歧主要在第三波（3）小波的划分上。第二种观点认为从2009年3月到2009年5月，（3）小波已经走完，在 2009 年 5 月也完成了（4）小波，目前在（5）小波的运行中。

由以上的讨论可知道，在符合艾略特波动原理的前提下，仍有可能出现多种数浪的方法。股市的变化常常是一旦当人们把握住它的规律时，它就会以另一种新的面貌出现。所以数浪的要点在于正视现实，勇于抛弃主观偏见，也就是说要随着市场的发展，在多个方案中抛弃不能成立的假设，做出灵活反应。至今人们仍喜欢用艾略特波动原理预测市场，仅仅在于该原理发掘了股价万变不离其宗的运动规律。

第二十七讲　深圳股市的
艾略特波浪之划分

19600 点以来的数浪。

5577 点以来的数浪。

19600 点以来的数浪

以 2007 年 10 月深市最高点 19600 点作为数浪的起点。从图 87 可以看出，第一波（2007 年 10 月到 2007 年 11 月）从 19600 点到 15189 点，下跌 4411 点；第二波（2007 年 11 月到 2008 年 1 月）从到 15189 点到 19212 点，反弹 4023 点；第三波（2008 年 1 月到 2008 年 4 月）从 19212 点到 10586 点，下跌 8626 点；第四波（2008 年 4 月到 2008

年5月）从10586点到13728点，反弹3142点；第五波（2008年5月
到2008年10月）从13728点到5577点，下跌8152点。从19600点到
5577点的五浪调整构成了大A浪调整。

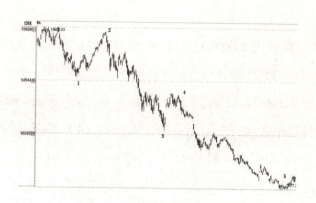

图87　深市波浪划分之一

　　另一种划分方法是将从19600点到5577点划分为ABC三浪调整。
见图88，A波（2007年10月到2007年11月）从19600点到15189
点，下跌4411点；B波（2007年11月到2008年1月）从到15189点
到19212点，反弹4023点；C波（2008年1月到2008年10月）从
19212点到5577点，下跌13635点。

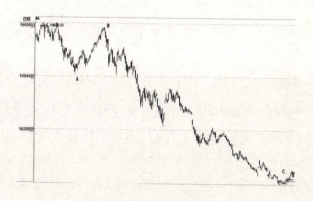

图88　深市波浪划分之二

5577 点以来的数浪

以 2008 年 10 月的最低点 5577 点作为数浪的开始，见图 89，第一波（2008 年 10 月到 2008 年 12 月）从 5577 点到 7585 点，上升 2008 点；第二波（2008 年 12 月到 2008 年底）从 7585 点到 6460 点，下跌 1125 点；目前指数运行在第三波中。第三波（1）小波（2008 年底到 2009 年 2 月）从 6460 点到 8800 点，（2）小波（2009 年 2 月到 2009 年 3 月）从 8800 点到 7453 点，（3）小波仍在运行中。

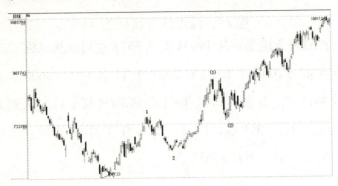

图 89　深市波浪划分之三

另外一种划分见图 90，两者的分歧主要在第三波（3）小波的划分上。第二种观点认为从 2009 年 3 月到 2009 年 5 月，（3）小波已经走完，在 2009 年 5 月也完成了（4）小波，目前在（5）小波的运行中。

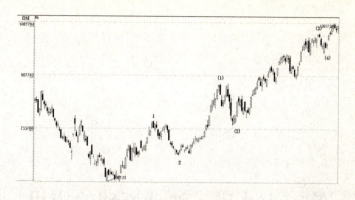

图 90　深市波浪划分之四

第二十八讲　波动原理的应用
——个股与商品期货

　　艾略特波动原理主要应用于平均价格的分析，但是也可以用于个股价格和商品期货价格的分析。

个股应用

　　投资管理的艺术要求及时吸入和抛售股票以及其他有价证券从而获取最大收益。何时进行一项投资操作似乎比选择什么进行操作更为重要。股票的选择比起时间的选择就只好甘居第二了。相对地说，选择一个比较可靠的股票总是较容易些，重要的是何时买入卖出这些股票。为了成为股市胜者，无论是经纪人还是投资者，必须知道市场基本走向，并且顺应这个走向进行投资，而不能背离市场走向。在股票投资中，普遍倾向于追随整个股市的运动方向。因此，仅依据基本分析进行股市投资判断就显得不太充分。例如 1929 年美国钢铁股（U. S. Steel）价格＄260，每股红利＄8.00，认为是寡妇、孤儿们可信赖的投资去向，但是在华尔街大崩溃时股价降至＄22，公司持续四年没分红利。股市通常不是牛市就是熊市，很少居中。

按照艾略特波动原理进行市场平均趋势分析时，一般忽略个股价格运动。在某些情况下将艾略特波动原理运用到个股分析，常使数浪陷入模糊状态，以至没有太大的价值。因此对个股而言技术分析工具也许更胜于艾略特波动原理的型态分析。

之所以得出上述结论的原因很简单，艾略特波动原理反映的是众多投资者普遍的决策过程，那么由于某种特定的态度和状况影响某一个或一组股票的价格运动型态便不在波动原理的射程之中了。换句话说，波动原理的波浪型态反映的是作为整体的全体投资者的行为过程，而非某一些人的行为过程。公司成立了又倒闭，人类社会中的潮流、时尚、文化、需求和愿望，潮涨潮落。因此，艾略特波动原理只能反映一般的行为过程，而个股、个人情绪却难以完全体现。在显微镜下可以观察到一滴水珠的个性，例如大小、颜色、形状、密度、盐分等等，但是当这一滴水汇入汪洋大海之中，就会随着波浪的巨大力量流来流去，尽管它仍然保留其个性。当大量的股票云集在股市交易所时，平均价格就是群众心理最好的反映。

尽管如此，大多数个股仍倾向于与市场平均或多或少地保持一致。据统计，75%的股票在市场上升阶段与市场运动一致；90%的股票在市场下跌时期与市场运动方向一致。虽说个股的价格运动比平均价格更加反复无常，但是由于明显的原因，投资公司以及大型企业集团股票价格运动常常支持平均价格运动，保持一致方向。具有潜力的成长股却倾向于走出独具风格的艾略特波浪型态。

商品期货市场

　　商品期货（Commodities）市场有许多独特的性质。商品期货价格曲线与股市平均价格曲线的一个主要区别就是在商品市场上，艾略特波动型态的牛市和熊市可相互重叠（Overlapping），但是在股市中却不允许如此。例如，在商品期货市场中一个完整的五波牛市有时并不能创下新高记录。

　　另外，不同于股市的是在基本级和循环级的波浪中，商品期货市场往往在第五波发生延长，而股市却常在第三波发生。股市的第五波延长也许表示一种希望，希望价格更上一层。但是在商品期货市场中第五波延长反映恐惧心理的作用，惧怕未来出现干旱、战争、通货膨胀等等。正因为如此，希望与恐惧的作用使股市的底部就像商品期货市场的顶部。商品期货市场的第五波延长往往都随第四波的三角形后发生。股市中第四波的三角型态一般较短促，而在商品期货市场中却一般持续较长时间，例如第九讲图 39 所示。

　　如上所示，艾略特发现的波动原理所反映的宇宙间之秩序同样存在于商品期货市场。也许可以说，市场所反映的特殊性质愈多，也就是参与市场的人愈少，那么波浪理论的型态分析的可靠性愈差。下面我们将谈谈一个与大众心理密切相关的商品——黄金。

　　黄金价格运动常常与股市相反，当黄金价格从底部走出向上攀升时，股市的境况往往很差，反之亦然。因此，关注黄金价格最近的走势及研读其变化方向有助于预测股市平均价格的变动趋势。

　　1972 年 4 月，黄金官方价格由每盎司 $ 35 升到每盎司 $ 38，到了

1973 年 1 月升至 $42.22。在 20 世纪 70 年代初期，美国中央银行制定的黄金官价与不断上升的市场价格之间产生矛盾，导致 1973 年黄金市场开放价格。

从 1970 年 1 月每盎司 $35，到 1974 年 11 月 30 日伦敦金价的峰顶 $197，续而于 1976 年 8 月 31 日跌至 $103.50，其原因是前苏联大量抛售黄金等等，然后，黄金价格又开始上涨。

在美国，尽管黄金的货币基础作用和价值储蓄作用以及交换作用已经逐渐消失，但黄金价格仍然不可避免地按照艾略特波动原理运动。如图 91 所示的伦敦金价格曲线，1974 年 4 月 3 日金价升至 $179.50，完成了一个五波运动，高涨的价格形成的五波几乎接近完美。第三波升幅 $90，达到③之顶点，$90 × 0.618 = $55.62，与第三波之顶部 $125 相加得到预测峰值 $180.62。确实，于第五波之顶峰达到了 $179.50，与预测值接近，并且刚好接近起始值 $35 的五倍（又是一个费波纳茨级数项）。

然后在 1974 年 11 月，当完成了第一个调整运动Ⓐ波后，黄金价格升至 $200。整体上呈非常规平坦型调整型态，它的Ⓑ波超过了Ⓐ波的起始位置，且Ⓒ波又下调至Ⓐ波结束位置下方。当时人们认为似乎又一个上升市场来临，但只是一种假象。首先这个新高是在 1974 年最后一天创下；第二，北美和南非金矿正在大量开采。实际上图表反映的情况得不到证实。

果然，Ⓒ波开始了一个大暴跌，同时伴随着黄金贬值，又将金价下调到一定程度。Ⓐ波波长为 $51，$51 × 1.618 = $82，将最高预测值 $180 减去 $82 得到预期下跌目标值 $98。后来证实于 1976 年 8 月 25 日下跌至伦敦金收市 $103.50。此时，正值道琼斯指数攀至峰顶。

过去，黄金是经济生活中的支柱，然而现在黄金在国际财经中似乎成了旧时代的遗物，但毕竟还是新时代的先驱。黄金作为价值储蓄

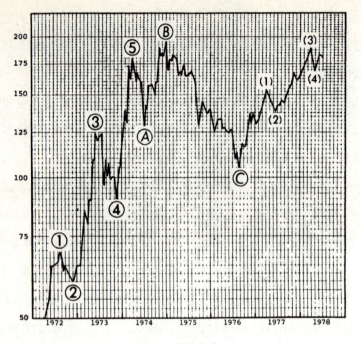

图91　伦敦金价

手段虽然其重要性已逐渐减退，但是收藏一些黄金还是有必要的，除非哪一天世界货币制度发生了彻底的、革命性的变革，这种变革似乎也必不可免。但作为储存手段，纸总归不是黄金的替代物，这大约又是一个自然法则吧。

甘氏实战交易七项法则

为了获取利润，市场交易法则不仅要在理论上探讨，而且需要付诸于实践。根据下述法则进行实战交易，最好的辅助工具就是周线图，如果市场变化剧烈，那么就用日线图。使用图表探测趋势变化，寻找最佳买卖点，并且设定止损点。

法则1——资金需求

为了进行成功的投资、交易，首先需要一定数量的资金，藉以开始交易并持续交易。为了安全起见，这个数量不必太大。例如用3000元进行100股股票的交易，如果遵守规则，就会赢利。

每次交易都不要冒你资金10%以上的危险。如果亏损了二三次，那么减少投资，并且将止损点设在剩余资本的10%以内。这样，你就不会丢失你的全部资本，以便能够继续进行交易和获取利润。

当有所获利时，可以增加交易数量。但是当你得到较大利益回报时，每笔交易之后，应当保持有大量资金储备。

在任何时候，安全都是最重要的原则。聚集了大量盈利之后，就应进行储备，或者存入银行，或者放贷款，或者购买国库券等等，以图固定收入。

法则2——始终使用止损点

任何一笔交易都不要忘记设止损点，止损点的大小可根据股票价格不同而不同，当你第一次交易时，千万不要冒 5 个点的风险，也就是说如果持有 100 股，那么损失应定在 500 元内。

作为一个规则，3 点止损较为合适，但也应当根据实际情况具体设置。

持续上涨之后，当股价上升很高很快时，如果你已获取很大利润，这时每天都应在最高价之下 5 个点或当日最低价（收市价）之下 3 个点设止损位。当股价升至极端高位时，至少也应在高位之下 10 点设止损点。

当你首次进行交易时，千万不要冒 10 个点亏损的风险，5 个点就应当是限度，如果可能，风险应始终控制在 2、3 点以内。

做多头时，止损点应设在每周（日）底部价位之下 1、2、3 或 5 点，做空头时，止损点应设在每周（日）顶部价位之上 1、2、3 或 5 点。

第二十九讲 波动原理与其他分析方法

道氏理论与波动原理可以相互映照；市场有效地反映一切消息；市场有它固有的逻辑；波动原理与技术分析相通；不以未来经济形势预测作波动预测。

道氏理论——宏观波动理论

道氏理论（Dow Theory）由查尔斯·道（Charles H. Dow）提出。道氏理论认为市场的基本趋势可用一个宽阔的充满浪花的浪潮来表示，次一级运动是波浪（Waves），最小的运动就是浪花。浪花一般没有太大的意义，除非它形成了盘局（Line，定义为横向盘走持续了至少三个星期并且价格波动在5%以内）。道氏理论的主要研究工具是交通运输股平均和工业股平均。杰出的道氏理论学者们做出了相当的贡献，但并未更新过其基本思想。

道氏理论实际上也是一种波动理论，它源于大海的运动与市场发展的相似性。查尔斯·道曾说过，潮涨时在沙地上留一个木楔（Stake），潮水落去就留下了记号，这也就像价格的变动记录在图表上一样。道氏理论最重要的一个要领是，同一个市场中的两个平均价其变动方式理应相互呼应。因此，当仅仅只有一个平均价走出新高（低）价位时，谓缺少另一个平均价支持，即所谓的不确认现象（Non - Confirmation）。

艾略特波动原理与道氏理论有许多相同之处。在推进波中平均价位相互支持，在调整波和最后一波时，就出现了不确认现象。道氏理论学者们也提出了市场上升期的三个心理阶段（Phases），很类似于艾略特三个推进波的特性。

波动原理在许多方面证实了道氏理论，但是反过来道氏理论却无法证实波动理论，因为波动原理具有数学基础，只需要将市场平均作为一种具体解释（Interpration），根据特定的结构进行展开。两种理论都有大量的观察作基础，在理论和实践上相互补充、相互完善。例如，艾略特的波浪型态分析能提前告诉道氏理论分析者们将出现不确认现象，如图92所示，工业平均DJIA完成了四波及第五波的一部分，然而运输平均DJIA却走到了之字型调整波b，接着不可避免要出现不确认现象。

另一方面，道氏理论的不确认现象的出现也常提醒艾略特学派的分析者，注意观察波浪运动下一步是否将出现与预期相反的走向。

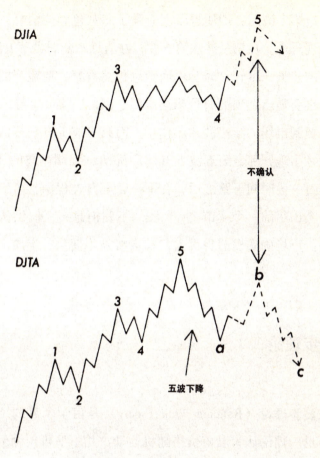

图92 波的不确认现象

消息与股市

消息自然会影响到股市，但重要的似乎并不是消息本身，而是接受消息的市场所处状态。例如同一则消息，处于牛市时的市场反映就完全不同于处于熊市时的市场反映。也就是说消息的市场心理是至关重要的，尤其是当市场运动方向与预期相反时更为如此。

在牛市第一波时，即使报纸上充满了悲观色彩的消息，市场仍不动容、表现乐观。在第三波和第五波，好消息不断。当第五波到顶后，已有转折的迹象，尽管这时基本面消息仍然看好、似盛开的玫瑰，好消息似乎也要随已到顶的股价攀至高峰。因此，实际上导致第一波上升的消息要到市场的第三波才起作用，而第三波上升利好的消息要到第五波方才出现，那么第五波上升的利好消息到调整波的"B"波出现。在经过一段时间下跌之后，在下一轮上升过程中，第二波的调整时期似乎会出尽前一个熊市"C"波的不利消息，人们误认为又一个谷底来临。市场确实提前告诉人们社会将发生变化，本质上讲，市场就是消息。

随机漫步理论

随机漫步理论（Random Walk Theory）是由学术界的统计学专家们提出。这一理论认为股市价格随机运动，并不呈可预测的型态。基于这种观点，股市技术分析无论研究趋势还是型态抑或个股强弱均毫无意义。

大量的杰出的专业投资者和分析家们不断地做出辉煌的投资成果，成百上千成功的交易决策，本身就反驳了随机漫步理论的上述观点。控制市场的力量实际上并不是随机的、漫无规律的，市场行为有其规律，掌握了市场规律的人就可以从中取胜。当然在股市中每星期都频繁进行操作的交易者们有时确实像在做投掷硬币的游戏。

在波动理论中，市场的每个运动都成为其他运动的起因，而本身又是前面发生了的运动之结果，就这样卷入因果循环之中。由于各等级的型态重复出现，因而具有预测作用。五波与随后出现的三波形成一个完整的循环，根据一个完整循环的型态又可预测市场接下去将发生什么。

有时股市确实看似背离外部世界的现实状况，但是多数情况下仍然忠实地反映了现实。同样正因为这种矛盾的存在，市场有它本身固有的逻辑，强调市场价格并不会线性地依赖于现实世界的各种基本因素，同时也不会是保守机械的循环韵律。市场自有一种逻辑结构，这使初入市道的人难以理解这种奇特的非理性的、有时甚至是疯狂的或看来毫无次序的市场。读者不难发现，艾略特波动原理能够接受随机漫步理论的挑战。

技术分析方法

艾略特波动原理不仅证实了技术分析的可信性，而且也帮助技术分析者认识最接近真实的型态。如同波动原理，技术分析也认为三角型态是一种调整型态。楔形的概念与斜三角形有相同的含义，旗型和三角旗型就是之字型和三角型，矩形型态就是双3或三3。双重顶可起因于平坦型调整波，而双重底常起因于失败的第五波。著名的头肩型态可理解为与一个常规的艾略特波动相吻合。本书在系统介绍波动原理的同时，也向读者介绍了技术分析中的各种基本概念、工具及其型态，随时参阅比较，肯定对波动原理与技术分析均能有更深的理解。

在图93中，第三波成交量最大，第五波其次，b波更少，一直持续到更低级波浪出现。在图94中，推进波有很大成交量，b波较少，c波的第四波成交量最小。

趋势线（Trendlines）与通道也几乎相同，支持位和阻力位也是波浪运动过程中常见现象。

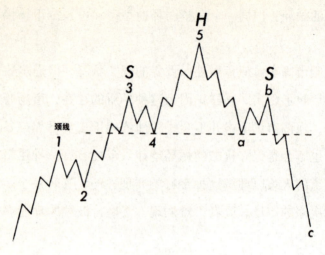

图93 头肩顶型态

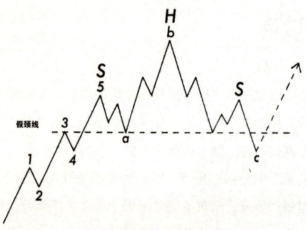

图94 失败的头肩顶型态

使用技术分析图表研判个股走向很有成效，然而在股市中采用传统的技术分析手段仿佛置身于现代技术的今天却使用石器时代的工具。

技术分析工具的指标在分析市场短期的状况和心理色彩时，经常特别有用。例如，在第五波、第二波和 C 波的结束位置，反映心理状况的指标（诸多短线操作指标）都达到了极端程度。在第五波和非常规平坦型调整波"B"中，动量指标揭示了力量（诸如价格变化速度、波的宽度、成交量）的减缓，产生动量发散现象。由于单个指标的作用是随市场状况的改变而改变，因此技术分析指标应用来帮助正确分析波浪型态，但不应过分依赖指标从而忽视了数浪之重要性。

经济分析方法

经济分析法（Economics Analysis Approach）认为利率、通货膨胀率等经济指数可预测未来股市发展。然而，倾向于波动原理的学者们却认为如果不通过认真观察股市，从而进行市场预测，无疑会陷入难堪的境地。可以说过去市场反映出的股价走势往往能较准确地预测未来经济形势，相反则不太妥当。通过过去的观察发现各种经济形势确实在某段时期内对股市有影响，但这种影响在不知不觉中发生，又在不知不觉中消失。例如，有时萧条期刚好在熊市开始处出现，有时则到熊市结束时尚未发生。另外就是通货膨胀（Inflation）和通货紧缩（Deflation），反映到股市就是牛市和熊市。

信贷放宽、赤字、收紧银根等等确实影响股价，但是很难将原因和结果分开，因为它们在不同层次上相互作用。艾略特波动原理反映了大众心理，在人类活动的各个环节都是适用的。

法则3——如何寻找买卖点

1.在双重底部或三重底部买入，下设1、2、3点止损位。

2.当股价在相同的低位持续了数周（数日）时买入，下设1、2点止损，这时止损位不可超过周（日）最底价3个点。

3.当股价超过了前一个高位1至3点，这时可以买入。在大多数情况下，当价位升过前一个顶部50，如果已升至53点，将不太会再下降到47点。因此可在51与48之间买入，且在47或顶部之下3点处设止损位。

当股价攀升形成新高时，也就是超过了历史的高位时，是一个较安全的买入价位。如果股价继续上升，一般不会回调至前一历史高位之下3点。

观察前一年的顶部价位，当股价超过了前一年顶部价位3点时，也是较安全的买入点，特别是股价回调至前一顶部附近时更为安全。

在牛市发动之前，一般在底部持续2、3周，这时买入比较安全。

法则4——如何寻找卖点

在双顶或三重顶处卖出，并在上方1、2或3点处设止损位。当前一个运动的底部或低点被跌破时，应当卖空，并在底部之上1、2点处设止损位，但最多不要超过3点。通常当股价跌破前一底部3点后再行卖空较为安全，或者当有一个小反弹出现时，上设 3 个点止损卖空。

当股价创新低后，在前周高价位之上 1 点对卖空交易设止损位，同时进行观察，在接近上一个底部或低价位处平仓或重新买入。

作为一个规律，熊市中的反弹只能持续二三周，因此在第二三周的结尾时，如果参照前一周高价位之上 3 点设止损然后卖空，一般较为安全。

寻找前一年的底部价位，当股价跌破这一价位 3 点时买入较为安全，尤其当价位已反弹至前一底部或稍上方时更为安全。

第三十讲　客观地数浪

遵守数浪基本原则，以客观的心态谨慎地分析市场。

　　本书中的前二十九讲我们就技术分析的经典理论——艾略特波动原理进行了分析论述，全面涉及了波动型态的定义、特性，波动理论的数学背景和比率分析、时间分析等问题。正如多次提及，波动原理与技术分析方法在许多方面都互为补充，也相互交叉。至于道氏理论，作为技术分析的基石，与波浪理论、技术分析方法有许多相关性。如何运用这些理论与方法，正确地分析和认知市场运动型态、发展变化趋势，就成为关键所在。下面，我们将从六个方面对这一问题展开讨论，希望能对读者有所帮助。

遵守四大数浪原则

前面详细地论述了艾略特波动原理中数浪的各项基本原则，有一些是必须遵守的，例如第十三讲中涉及的重叠规则；有一些是很具指导意义的，有参考价值，但并不需要完全遵守，例如第十四讲中涉及的交替法则。这里我们推荐以下四大数浪原则，作为在进行波浪分析时首先需要考虑的问题。

1.第三波不可能是最短的推进波；
2.第一波和第四波不能重叠；
3.第二波与第四波常以不同型态出现；
4.第四波通常在低一级的（Ⅳ）波范围内结束。

制定多种数浪选择方式

无论是长期、中期还是短期的波浪图表，都可以列出数种数浪方式。这些数浪方式中，在特定的市场环境下，某种方式出现的可能性大于另外的方式，那么这一方式就列为首选，最有希望成为事实。但是一旦市场环境发生了变化，例如遇到市势突变，升破或者跌破关键性价位的时侯，情况就可能不同了，原来的首选方式也许被其他数浪方式所代替，便要放弃，用其他的数浪方式做为分析后市的基础。

但是，当遇到难断是非的情况时，如何是好呢？最好暂时退出市场，待头脑清醒、再返市场时，也许又另是一番景象。

运用费波纳茨比率作为参考

在不同的数浪方式中选择最有可能成为现实的方案，辅以神秘的黄金比率以及费波纳茨比率，协助分析者作出较为精确、可靠的判断。由于自然、社会的万物变化遵守一定的规律，正如第二十一讲中所述，黄金比率反映了自然现象中静态的美学概念，而黄金渐开线所体现的费波纳茨比率则反映了自然与社会中动态的、发展的某种规律。诚然，自然与社会的变化规律是多种多样的，运用费波纳茨比率作为判断价格运动时的参考，也正是充分地考虑自然、社会的各种法则对市场的影响。当然，关于时间与涨跌幅度的比率关系，仅仅是次于波浪形态分析的一种参考。也就是说，在波动原理中，最重要的仍然是如何正确地根据波浪的型态划分波浪的类型和等级，在分析过程中，时间与涨跌幅度比率关系是一重要的辅助工具。

熟悉每种波浪的特性

如第十八讲中所述，推进波与调整波的每个波浪都有自己的特征，例如第三推进波通常成交量很大，上升力量强，并且常常发生延长，至少不会是最短的推进波。那么在进行数浪分析时，就可以根据各自可能具有的特征，确定每种数浪方式的合理性。每个波浪的特征都是经过长期的观察总结得出，即使存在例外以及程度上的差别，但是毕竟反映了相当大部分的现实情况。

殊途同归

香港著名的股评家许沂光先生发表过这样的评论：波浪理论引人入胜之处，在于数浪方法海阔天空，任你飞翔。

在进行波浪分析时，尤其是在分析市场长期走势时，往往可能提出完全不同的数浪方式。但几种不同的数浪方式有时又非常有趣地得出同样的结果，可谓殊途同归。那么，分析的结果就得到更多的佐证，因而也就更有可能得以成为现实。

承认自己经常会出错

我们这里在最后提出：承认自己经常出错。波浪理论并非百发百中的测市工具，分析者客观的态度是正确进行市场观察的必备条件。事实上，调整波的型态有十几种，推进波也有数种类型，那么，一种数浪方式不可能包括所有可能成为事实的发展过程，错误也就难免。如果仅仅提出一种数浪方式，固执己见，数浪就成了颇似投掷硬币的游戏，但是其成功概率却远远低于投掷硬币游戏中的二分之一。

虚心接受出错的挫折，承认错误，并且在整个分析以及市场运动过程中随时调整，以客观的心态推测后市可能发生的情况。

在掌握了波动原理的基本思想和技巧之后，问题就在于如何客观地进行分析。成功分析的关键在于战胜自我。

法则5——金字塔投资战法

金字塔投资战法是很重要的一条规则。当股价在低价位时，例如10元至20元，那么你可以每隔5个点买卖一次，也就是说当第一次交易有5个点盈利时再进行第二次交易，并设止损点，这时万一发生市场逆势，那么你也不会有任何损失。

当股价到达每股30元至100元时，就应每隔10点买卖一次。当按照金字塔法则进行了四至五次交易时，以后每次交易的数量就应当减少。例如如果当初每升5至10点买入100股，一直买进500股。这时最好改为每升5至10点买进50股。

顺应市场主趋势进行交易方可获取巨大利润。因此当你第一单交易并未如愿获利之前不要进行第二单、第三单。

不要将亏损平均，平均损失是许多投资者易犯的一个最大错误。

法则6——怎样对待转势

当发生转势时，如果你已买入，但是却有迹象表明应当卖出，这时也应转头作卖空。例如，股价涨到75元，正好是前一个顶部价位，持续了一、二周，这时应空仓并卖空，在78元即高于前一顶部3元处设止损位。如果股价升至78元，这时应补仓并建仓买回。

法则7——成交量

一般而言，股价快速腾升至高价位，成交量（卖压）增大。当完成第一轮急速回调后，形成第二个峰值部位，如果主趋势将下降，则形成最后一个峰顶时成交量将减小。

当持续了长时间下跌之后，成交量减少表明临近最后的困境，将转势。

在大崩溃的市场，股价急速下降，在底部形成时伴随巨大成交量，又一次攀升也有相当量的成交，这时当有第二次下调，成交量会大幅度减少。